Der Mann vor Gericht

Frederic DeWitt Wells

Writat

Diese Ausgabe erschien im Jahr 2023

ISBN: 9789359254852

Herausgegeben von
Writat
E-Mail: info@writat.com

Inhalt

EINFÜHRUNG

Der Autor hat versucht, den Standpunkt des einfachen Mannes vor einem Gericht darzustellen, während die verschiedenen Verfahren eines Prozesses vor ihm Gestalt annehmen. Für den Eingeweihten mag das ganze Buch zu offensichtlich erscheinen; aber es wurde nicht für sie geschrieben, sondern für diejenigen, denen diese Vorgänge unbekannt sind. Es gibt viele, die eine gewisse Neugier auf die Gerichte haben und gleichzeitig einen echten Respekt vor der Gerechtigkeit haben, gepaart mit Belustigung über die Panopries und veralteten Formen des Rechtsverfahrens.

F. DEW . W.

NEW YORK ,

Januar 1917 .

EIN NACHTGERICHT

Im Nachtgericht ist das Drama vital und pulsierend. So wie das traurigste Objekt, über das man nachdenken kann, ein Theaterstück ist, bei dem das Wesentliche falsch ist, so sind es in diesem Gericht die Grundlagen des Gesetzes, die es zu einem unangenehmen und erbärmlichen Spektakel machen.

Die Frauen, die vor das Nachtgericht gebracht werden, sind keine Heldinnen, aber das Strafrecht scheint nicht besser zu sein als sie. Es unternimmt kaum einen Versuch, das Elend, das es beurteilt, zu mildern; In vielen Fällen geschieht dies nur, um eine zusätzliche Leidenslast zu verursachen. Das Ergebnis ist eine Tragödie.

Der Richter sitzt hoch zwischen den Messinglampenständern. Sein schwarzer Kittel, die Metallknöpfe und glänzenden Schilde der wartenden Polizisten, die geschäftigen Gerichtsbeamten hinter den langen Schreibtischen zu beiden Seiten erzählen von der Erhabenheit des Gesetzes.

Vor dem Schreibtisch, aber auf einer niedrigeren Ebene, erstreckt sich ein Raum von drei bis zwölf Fuß, der sich quer durch den Gerichtssaal erstreckt und in dem sich Streifenpolizisten, Männer in Zivil, Detektive, weibliche Gefangene, Bewährungshelfer, Reporter, Zeugen, Ermittler und Anwälte aufhalten . Draußen im Gerichtssaal sitzt eine große Menschenmenge auf den Bänken. Es gibt Zeugen, Brüder und Schwestern, Freunde der Gefangenen, die darauf warten, zu sehen, ob sie durch den Straßeneingang hinausgehen oder durch das starke Gittertor zurück, das durch die Tür auf der linken Seite zu sehen ist. Außerdem gibt es die „Haie", die darauf warten, den freigelassenen Gefangenen zu folgen und sie zu jagen, je nach den Umständen; und eine Reihe von Neugierigen, die aufmerksam zuschauen. Für sie kann es nichts weiter als eine krankhafte, dumme Show sein, denn sie sind so weit von der Richterbank entfernt, dass kein Wort der Verhandlung zu hören war. Nur ab und zu können die Schreie und Verwünschungen einer kämpfenden, hysterischen Frau, die eilig aus dem Gerichtssaal geholt wird, die Szene beleben.

Gestärkt mit einem Empfehlungsschreiben an den Richter und einer Gesinnung, die nicht so leicht schockiert ist, wenn man die Lebensbedingungen so sieht, wie sie tatsächlich herrschen, kann der Zuschauer seinen Weg an dem Polizisten am Tor in der Reling vorbei finden. Es klickt bedrohlich hinter ihm und er fragt sich, ob er Schwierigkeiten haben wird, herauszukommen. Schließlich wird er durch Schreiber und Beamte, die freundlicher werden, als sie erfahren, dass er ein Freund des Richters ist, auf einem Stuhl neben der Richterbank sitzen. Der Richter ist ein herzlicher

Mann mit rundem Gesicht, der trotz seiner Robe und der Würde seiner Umgebung fast menschlich wirkt. Das Gericht sieht aus dieser Sicht anders aus und er kann die gerichtliche Durchsetzung des Gesetzes problemlos überwachen.

Die Organisation dieser Gerichte ist einfach. Es gibt nicht viele Regeln oder technische Details. Die Richter sind geduldig, fleißig , verständnisvoll und effizient. Das Problem liegt bei den Gesetzen, die sie anwenden sollen : Gesetze, die so absurd, so absurd und so undurchführbar sind wie die Handlung der leichtesten Musikkomödie.

Der Besucher kann zunächst kaum verstehen, was vor sich geht. Auf dem Zeugenstuhl sitzt ein blasser Mann, zu seiner Linken steht eine heruntergekommene kleine Frau vor und unter dem Richter, ihre Augen befinden sich gerade auf Höhe der Tischplatte. Angestellte kommen mit zu unterzeichnenden Papieren: „Verpflichtungen", „Vertagungen", „Kautionsbürgschaften"; andere versuchen, seine Aufmerksamkeit zu erregen. In der Zwischenzeit geht der Fall weiter.

„Ich informiere Sie", sagt der Richter zu der Frau, „über Ihre gesetzlichen Rechte. Sie können einen Anwalt hinzuziehen, wenn Sie dies wünschen, und Ihr Fall wird vertagt, damit Sie sich mit ihm beraten und Zeugen besorgen können, oder Sie können es jetzt tun." Fahren Sie mit dem Prozess fort. Was werden Sie tun?"

Sie murmelt etwas. Sie hat ein blasses Gesicht, mürrische Augen, einen hängenden Mund und eine überhängende Lippe. Eine traurige rote Feder hängt in ihrem Hut.

„Weiter", sagt der Richter; und zu dem Polizisten, der als Zeuge geladen ist: „Sie schwören, die Wahrheit zu sagen, die ganze Wahrheit mm-mm-mm – Sie sind ein Mann in Zivil, der dem 16. Bezirk angehört und von der Zentrale detailliert beschrieben wird, was ist mit dieser Frau?" ?"

„An der Ecke Fifteenth Street und Irving Place", sagt der Zeuge, „habe ich heute Abend zwischen 10:05 und 22:15 Uhr beobachtet, wie diese Frau stehen blieb und mit drei verschiedenen Männern sprach. Ich kenne sie, sie war hier." vor Eurer Ehre."

"Was sagen Sie?" fragt der Richter die Frau. Sie schweigt.

"An was arbeitest du?"

„Hausarbeit, Euer Ehren."

„Immer Hausarbeit; es ist überraschend, wie viele Hausangestellte vor mir kommen." Sie lächelt kränklich.

„Nehmen Sie ihre Akte. Nächster Fall", sagt der Richter. Draußen ist es eine kalte, eiskalte Nacht Anfang März.

„Zeugen im Fall Nellie Farrel ", ruft der Sachbearbeiter.

Nellie Farrel steht neben einem Polizisten vor dem Schreibtisch; Sie ist groß und hat blondes, welliges Haar. Sie muss einmal hübsch gewesen sein; Auch jetzt noch ist eine zarte Linie an Hals und Kinn zu erkennen. Aber ihre Augen sind hart und auf ihren Wangen sind Spuren hastig abgeriebener Farbe. Sie sieht aus wie dreißig; sie ist wahrscheinlich nicht älter als zwanzig.

Ein unreifer Jugendlicher, der übernatürlich lebhaft wirkt, schwört, dass die Frau in der Thirteenth Street zwischen Fifth Avenue und University Place angehalten und mit ihm gesprochen habe; und er erzählt seine Geschichte, als hätte er sie auswendig gelernt.

„Kennen Sie den Beamten, der die Festnahme vorgenommen hat?" fragt ihn der Richter.

"Ich tue." Es besteht der Verdacht, dass zwischen dem Zeugen und dem Polizisten ein Interesse bestehen könnte.

Eine dunkelhaarige Frau mit glattem Gesicht, die neben dem Gefangenen steht, sagt: „Euer Ehren, sie ist meine Schwester. Ich bin eine respektable Frau, mein Mann ist Fahrer. Ich habe drei Kinder. Es ist schon eine Schande genug, so etwas zu haben." von ihr in der Familie. Wenn du ihr noch eine Chance gibst, nehme ich sie mit nach Hause; mein Mann ist hier und er ist bereit." Der Angeklagte blickt mitleiderregend nach unten.

„Auf Bewährung entlassen", sagt der Richter und die Familie geht hinaus.

„Das ist ihr schon zum dritten Mal passiert", flüstert ein Angestellter. „Jedes Mal ist die Schwester gut drauf."

Eine schreckliche alte Frau mit strähnigem grauem Haar, schrumpeligem Hals und klauenartigen Händen hält einen schwarzen Schal um ihre flache Brust. „Mary", sagt der Richter, „dreißig Tage auf der Insel für dich."

„Oh, Euer Ehren, Euer Ehren, nicht das Arbeitshaus. Oh Gott, nicht das Arbeitshaus", und man hört sie schreiend und kämpfend und flehend Christus um ihre Hilfe anrufen. Der Richter dreht sich um und erklärt: „Ein alter Fall, ein Beispiel dafür, wozu sie alle kommen könnten."

Eine dunkelhaarige kleine Französin mit purpurroten Lippen, kräftigen schwarzen Augen und ausdrucksstarken Händen wird hereingebracht. Ein Detektiv sagt aus, dass er mit ihr in ein Mietshaus in der Seventeenth Street westlich der Sixth Avenue gegangen sei. Anklage: Verstoß gegen das Mietshausgesetz.

„ Qu'importe ", sagt die Frau. „Ich gehe in die Straße. Ich werde verhaftet. Ich bleibe im Haus. Ich werde verhaftet. Ich nehme das Zimmer. Ich werde verhaftet. Chantage – Erpressung. C'est pour rire . "

Wer sind diese Frauen, die in einer Menschenmenge zusammengebracht werden? Einer von ihnen, der älter ist als die anderen, ist ein schlicht in schwarzer Seide gekleideter Ausländer mit einer Goldkette. Sie wirkt nicht besonders böse, sondern eher respektabel. Die anderen tragen lange Umhänge oder Regenmäntel, die hastig übergezogen werden und durch die man rosa Strümpfe sehen kann. Sie haben Haare von dieser unangenehmen Butterfarbe, die auf Peroxid schließen lässt. In einer Westseite eines Hauses mit schlechtem Ruf kam es zu einer Razzia. Einige Aussagen werden gemacht und die ältere Frau, die „Madam", wird wegen der Aktion der Grand Jury auf Kaution festgehalten, während der Rest wegen weiterer Beweise festgehalten wird. Der Richter sagt uns, dass es wahrscheinlich nicht genügend Zeugenaussagen geben wird und sie am Morgen freigelassen werden. Aber wenn keine Kaution gefunden wird, werden sie die Nacht in Zellen verbringen.

Eine nervöse, aufgeregte Frau kommt herein – zwei Polizisten sind bei ihr. Sie wurde wegen ordnungswidrigen Verhaltens auf der Sixth Avenue in der Nähe der Thirty-First Street verhaftet. Sie hat sich mit einem Mann gestritten, der ebenfalls verhaftet und zum Nachtgericht für Männer gebracht wurde. Sie hat ein hartes, zähes Gesicht vom niedrigsten Typ.

„Warum sollten Sie versuchen, das Gesicht des Mannes zu kratzen? Was hat er getan?" fragt der Richter. "Ist er dein Ehemann?"

„Mein Mann, Euer Ehren? Ja, ich schätze, so kann man Al nennen. Wir leben oben in der Stadt und als ich rausging, sagte er zu mir: ‚Beeil dich, Junge, du musst dich beeilen, die Miete ist fällig, und wenn du es nicht tust.' Hol dir das Geld, ich breche dir das Genick.' Der Mist wird nicht funktionieren. Nun ja, an einem Abend wie diesem konnte man keinen Cent verdienen und ich hatte nur einen halben Dollar und wollte etwas essen. Ich hatte seit vier Uhr nichts mehr gegessen, Und dann traf ich Al, als er die Sixt -Avenue entlangging , und er versuchte, mir fünfzig Cent von mir abzuluchsen, und ich war so wild, dass ich ihn am liebsten zerreißen wollte. Es tut mir leid, ich schätze, es war meine Schuld. Ich will nicht Sehen Sie, wie er geschlachtet wird, also lassen Sie mich bitte frei, Euer Ehren, und ich werde keinen Ärger machen.

„Nehmen Sie ihre Akte", sagte der Richter, „und laden Sie sie als Zeugin gegen den Mann ein."

wird eine Reihe von Frauen vorgeführt, denen im Nebenzimmer Fingerabdrücke abgenommen wurden. Der Richter verhängt Strafen gemäß den vorgelegten vorherigen Aufzeichnungen. Einige der Frauen sind diejenigen, die schon einmal an der Spitze vorbeigekommen sind. Die kleine, heruntergekommene Frau mit der roten Feder wurde in sechzehn Monaten sieben Mal verhaftet. Ein anderer hat in einem Zeitraum von sieben Monaten acht Wochen im Arbeitshaus verbracht; ein anderer wurde bereits an die Bedford Reformatory geschickt; ein anderer war zweimal in Reformhäusern. Bevor der Richter sein Urteil fällt , verweist er die Gefangenen an den Bewährungshelfer, der mütterlich mit ihnen spricht.

Nachdem sie mit dem kleinen Gefangenen gesprochen hat , wendet sie sich an den Richter. „Sie sagt , es nützt nichts, Euer Ehren, sie will sich nicht bessern – es wird sich nicht lohnen, sie auf Bewährung zu schicken.“

„Dem Maria-Magdalena-Heim verpflichtet“, sagt der Richter, und der Name lässt eine verblüffende Vermutung darüber aufkommen, was der aus Galiläa gesagt hätte.

Das Vorstehende ist nur eine typische Sitzung des Gerichts. Nacht für Nacht, von acht Uhr bis ein Uhr morgens, wiederholt sich die Szene. Die moralische Wirkung und ihre Reaktion auf diejenigen, die das Verfahren leiten – die Richter, Beamten und die Polizei – können nur bedauerlich sein; Das Böse, das denjenigen zugefügt wurde, die gewaltsam dorthin gebracht wurden, konnte nicht hoch genug eingeschätzt werden.

Im Wesentlichen besagt das Gesetz, dass Frauen weder auf der Straße herumlungern noch auf der Straße oder in einem für die Öffentlichkeit zugänglichen Gebäude werben dürfen. Sie dürfen weder in einem Mietshaus noch in einem verrufenen Haus wohnen. Das Gesetz macht es für Frauen zu einem Verbrechen, ins Ausland zu gehen oder zu Hause zu bleiben. Ihre Existenz ist kein Verbrechen, aber das Gesetz macht sie nur indirekt zu Gesetzlosen. Wer strafrechtlich verfolgen oder verfolgen möchte, dem fällt dies leicht. Die schlimmsten Feinde dieser unglücklichen Frauen sind merkwürdigerweise sowohl unter den besten als auch unter den bösesten Menschen der Gemeinschaft zu finden. Die unbeschreiblich Verdorbenen sind die Männer, die entweder als Kuppler, Erpresser oder die elenden Männer, die von einem Teil ihres Verdienstes leben, leben. Die ausgezeichneten Leute, die sich jeder Abhilfegesetzgebung widersetzen, die die Situation verbessern könnte, scheinen gleichermaßen für die gegenwärtige Situation verantwortlich zu sein, so gut gemeint sie auch sein mögen.

Ein Effekt des gegenwärtigen Systems ist die praktisch unkontrollierte Übertragung von Krankheiten. Eine Reform in dieser Richtung würde das Grundproblem nicht lösen, denn es gäbe weiterhin uneingeschränkte Möglichkeiten für Erpressung und Erpressung, aber sie könnte dennoch eine

Bedrohung für die Gesundheit der Gemeinschaft beseitigen, die wahrscheinlich schwerwiegender ist als Tuberkulose.

Zu diesem Zweck wurde vor einigen Jahren im Staat New York ein Gesetz erlassen: ein Gesetz zur ärztlichen Untersuchung der Frauen. Aufgrund eines Wortes wurde es für verfassungswidrig erklärt. Es hätte heißen sollen: „Der Richter kann"; Stattdessen hieß es: „Der Richter *muss* ... ". Weitaus schwieriger zu bewältigen ist der Widerstand der Menschen, die glauben, dass der moralische Sinn der Gemeinschaft durch Gesetze gefährdet würde, die suggerieren, dass Prostitution unvermeidlich sei.

Im ironischen Gegensatz zum Versagen der Gesetzgebung, die Ausbreitung von Krankheiten zu verhindern, steht der Erfolg eines unüberlegten Gesetzes, das Ehebruch zu einem Verbrechen macht. Danach werden sowohl ein verheirateter Mann, der Beziehungen zu einer Prostituierten hat, als auch die Frau selbst strafrechtlich verfolgt. Es bietet ein neues Feld für Erpressungen, wie weit es genutzt wird, lässt sich nicht sagen.

Die Geschichte der Verabschiedung des Ehebruchgesetzes stellt einen der grässlichsten Witze dar, die jemals von einer staatlichen Gesetzgebung begangen wurden.

Jahrelang war ein solcher Gesetzentwurf in der New Yorker Legislative eingebracht worden, entweder von der Versammlung oder vom Senat kommentarlos angenommen und dann im anderen Haus stillschweigend abgewürgt worden. Es war offensichtlich, dass ein solches Gesetz nicht ordnungsgemäß durchgesetzt werden konnte und seine Erpressungsmöglichkeiten offenkundig waren, doch niemand, nicht einmal der damals amtierende Gouverneur Hughes, konnte offen gegen seine Verabschiedung sein.

Die zarte Moral der Gemeinschaft würde eine öffentliche Diskussion nicht zulassen.

Es hieß damals, als der Vertreter einer Gesellschaft zur Unterdrückung von Lastern ein Mitglied aufforderte, den Gesetzentwurf einzubringen, lehnte er dies mit der Begründung ab, er vertrete einen Fifth Avenue District und es würde funktionieren er war bei seinen Wählern zu unbeliebt. Als der Gesetzentwurf von einem anderen Mitglied eingebracht worden war und zur endgültigen Verabschiedung anstand, wurde beschlossen, ihn in ein Dilemma zu bringen, da Gouverneur Hughes gegen viele politische Gesetzentwürfe von Mitgliedern beider Häuser sein Veto eingelegt hatte. Würde ihm der Gesetzentwurf vorgelegt , müsste er ein absurdes Gesetz unterzeichnen oder sich zum Freund der Ungerechtigkeit erklären. Er unterzeichnete es und der Gesetzentwurf wurde zum Gesetz. Seit seinem Inkrafttreten gab es lächerlich wenige Verurteilungen aufgrund des Gesetzes.

Die aufeinanderfolgende Sorglosigkeit, Schüchternheit und Leichtfertigkeit der Legislative ist deprimierend, aber es gibt eine ermutigende Zunahme des Interesses seitens der Öffentlichkeit. Der Durchschnittsmensch interessiert sich nicht nur für das Problem; er scheint die vernünftige Ansicht zu vertreten, dass das „soziale Übel" weniger eine moralische Frage als vielmehr eine Bedingung, ein Problem ist, das wie andere Probleme gelöst werden muss. Uns geht es weniger um die Privatmoral unserer Mitbürger als vielmehr um deren Gesundheit, Sicherheit und die Vermeidung unnötigen Leidens. Wir sind der Auffassung, dass die Gerichte nur unsere Agenten sind und nicht direkt für das, was sie tun, verantwortlich sind. Sie folgen den Anweisungen unserer Vorfahren und haben es versäumt, sie abzuschaffen oder zu ändern.

Der Besucher verlässt das Nachtgericht mit dem seltsamen Gefühl, dass seine gesellschaftlichen Werte umgeworfen werden. Er empfindet fast Mitleid mit den Frauen, die er gesehen hat. Sie mögen Verstöße gegen die Moral und die soziale Ordnung sein, aber sie sind Menschen, über die die Wasser der Zivilisation mit unerbittlicher Flut zu strömen scheinen. Die schreckliche Verschwendung von Leben und Energie scheint unentschuldbar. Und es ist, als ob irgendein Mühlendamm gebrochen wäre und in einem gewaltigen Strom ein Flussbett hinabflosse, an dem einige weiß gezogen und ertrinken würden.

Der gewöhnliche Mann weiß, dass die Frauen, die untergehen, nur einen so geringen Anteil derjenigen ausmachen, die fliehen, dass es entweder wie ein grässlicher Witz oder eine schreckliche Tragödie erscheint. Die gesamte Ausstattung des Gerichtssaals unterstreicht lediglich den Kontrast zwischen denen, die gefasst werden, und denen, die freigelassen werden.

Aber alle Strafgerichte sind immer unangenehm. Und die Menschheit wäre ein entmutigendes Objekt, wenn man sie nur im Rahmen eines Strafverfahrens betrachtete. Wenn wir uns dem eher zivilen Gericht zuwenden, stellen wir fest, dass die Gerichte nahezu gleichermaßen ungeeignet für moderne Verhältnisse sind.

DAS ZIVILGERICHT

In einem vierundzwanzigstöckigen Bürogebäude, in einem sanft gleitenden Aufzug, siebzehn Stockwerke hinauf, einen Korridor mit niedriger Decke hinunter, vorbei an feuerfesten Türen mit der Aufschrift: „Büro des Gerichtsschreibers", „Räume des Richters", „Zeugenzimmer", finden wir das typisches modernes Gericht. Die alte Idee eines sehr pseudoklassischen Gerichtsgebäudes auf einem ruhigen Dorfplatz, zu dem die benachbarten Landjunker geritten sind und in dem sich das Gefängnis im Keller und der Stadtschreiber auf dem Dachboden befindet, verschwindet schnell. Das alte Gerichtsgebäude der Stadt aus rotem Sandstein mit Zinnen und Türmchen, Minaretten und einem Glockenturm scheint veraltet zu sein.

Die weißen Marmorpaläste der höheren Höfe, in denen breite Treppen, getäfeltes Mahagoni, Buntglas und weiche, geräuschlose Teppiche einen Hauch von Ruhe und raffinierter Kultur vermitteln, entsprechen nicht ganz dem modernen Geist. Der Mann auf der Straße versteht nicht, ob die Marmorstatuen auf dem Dach Symbole der Gerechtigkeit oder verstorbene Präsidenten der Vereinigten Staaten sind. Das übliche Gerichtsgebäude von vor zwanzig Jahren war eine Mischung aus Waffenkammer und gotischer Kirche.

In den größeren Gerichtsgebäuden, in denen sich viele Begriffe oder Teile in einem Gebäude befinden, herrscht Verwirrung. Rotunden, Korridore, Treppenhäuser und Aufzüge sind ständig gefüllt mit einer bewegten Menge von Anwälten, die darauf warten, dass ihre Fälle verhandelt werden , Klienten, die Termine hatten, Zeugen, die vorgeladen wurden, um vor Gericht zu kommen und wenn sie dort ankommen , vorzufinden es ist nicht ein Gericht, sondern dreißig. Letztere wandern benommen umher und fragen jeden, der zuhören will, ob er weiß, in welchem Teil der Fall Martin *vs.* Martin verhandelt wird. Im Gebäude gibt es Mittagstheken, Telefonzellen und ein Gefühl der Ehrfurcht.

Woher dieser Gerichtsschrecken kommt, ist schwer zu analysieren. Da ist die beeindruckende Majestät des Gesetzes; Bei einem Gericht geht es immer um das inspirierende Gefühl von etwas mehr als Menschlichem. Selbst ein leerer Gerichtssaal ist nicht wie andere Räume. Wie in einem leeren Theater bleibt eine Atmosphäre des Glamours, des Mysteriums, und dennoch bleibt ein starker, starker Geruch von Menschenmassen bestehen.

Man sagt, dass jedes Theater seinen ganz eigenen Geruch behält. Die wissenschaftliche Untersuchung der Psychologie von Gerüchen ist zu subtil, um verständlich zu sein. Die Frage nach der Analyse der Ausscheidungen einer nervösen Menschenmenge erscheint interessant, aber die Erinnerung an eine ängstliche Menschheit ist immer präsent. Früher legte der Gerichtsdiener einen kleinen Strauß Kräuter und aromatischer Blumen auf den Schreibtisch des Richters, und die Gläser mit den getrockneten Sträußen blieben lange Zeit in einer Reihe stehen.

Aus hygienischen Gründen sind die Gerichte unhygienisch. Bei geöffneten Fenstern kann die kalte Luft direkt auf die Köpfe der Geschworenen und des Stenographen strömen . Im Sommer sind der Lärm der Stadtstraßen, der Autos, der Hochhäuser, die Schreie der Kinder, die Drehorgeln, die Fliegen überhaupt nicht mit der angeblichen Würde des Hofes vereinbar. Es ist bekannt, dass die überfüllten und ungesunden Bedingungen in den Gerichtshöfen sowohl zu Krankheiten als auch zu Unbehagen bei den Bewohnern führen.

Die Konnotationen des Namens Gericht sind im Allgemeinen beeindruckend. Es gibt die Andeutung eines Gefängnisses, einer Bestrafung, von etwas Endgültigem, eines absoluten Urteils. Außerdem deutet es auf den Innenhof eines Mietshauses, eine Gasse oder etwas Abgeschlossenes und Enges hin. Die Philologie leitet sich vom altfranzösischen Wort cort oder curt ab. Es ist merkwürdig, dass es etwas Enges bedeutet. Es gibt Hinweise auf die Listen, auf Herolde, auf Trompeten, auf Banner und Ritter in Rüstungen, auf tänzelnde Rosse, auf zusehende schöne Damen, auf Turniere, Turniere und Prüfungen im Kampf. Das Wort hat etwas Königliches. Wir denken an Prunk und Pracht und purpurne Gewänder, an Könige auf ihren Thronen und umherstehende Höflinge. Die Vorstellung von Gottheit nimmt für den einfachen Menschen, der visualisiert, sofort die Form eines Gerichts an. Wir sprechen von den Höfen des Himmels. Die Bilder von Gott stellen ihn dar, wie er in der Mitte auf seinem erhöhten Thron sitzt, umgeben von den ihn umgebenden Reihen begleitender Engel.

Der moderne Gerichtssaal ist lediglich eine adaptierte Weiterführung einer mittelalterlichen Idee. Auf dem erhöhten Podest unter einem unhygienischen und staubigen Baldachin aus grünem Plüsch sitzt der Richter; Statt eines Zepters hält er den Hammer. Dieser Hammer gerät übrigens immer mehr in Vergessenheit. Als Symbol der Autorität ist ein kleiner Holzhammer ein wenig lächerlich geworden. Wenn ein Richter es zu heftig schütteln würde, könnten die Zuschauer befürchten, dass er es auf die Zuschauer oder einen der streitenden Anwälte werfen würde.

Der Richter sitzt an einem imposanten Schreibtisch mit hohem Geländer und Standardbeleuchtung an beiden Ecken. Die Oberseite des Schreibtisches befindet sich normalerweise über der Augenhöhe selbst des stehenden Anwalts. Dies ist eine konventionelle und praktische Anordnung; Es widerspräche der Majestät des Gesetzes, wenn dabei ertappt würde, wie der

Richter eine persönliche Notiz verfasst oder einen Blick auf die Börsenberichte in der Abendzeitung wirft.

Der Richterstuhl ist normalerweise ein drehbarer Stuhl mit einer Neigung nach hinten. Stationäre Stühle sind eine Lösung für diejenigen, die stundenlang ruhig bleiben müssen, und das Hin- und Herschwingen und Drehen sorgt für ein wenig Entspannung.

Vor dem Richterpodest stehen die Tische der Berater oder Anwälte und an einer Seite davor und darunter normalerweise ein weiterer Tisch für Reporter. Es ähnelt in gewisser Weise der Anordnung in herrschaftlichen Sälen, wo es einen oberen und einen unteren Tisch gab und einige unter dem Salz und andere darüber saßen.

Auf der einen Seite, gegenüber, aber nicht so hoch, befindet sich die Geschworenenloge. Dabei handelt es sich um einen Pferch mit zwölf Sitzplätzen in einem hochseitigen Bereich, der einer altmodischen Kirchenbank ähnelt. Was der Zweck der Einschließung sein könnte, ist ungewiss, es sei denn, es handelt sich um ein Relikt aus einer Zeit, als es notwendig war, die Geschworenen einzusperren. Der Dienst als Geschworener war zweifellos schon immer mühsam und unangenehm, und in früheren Zeiten waren Männer wahrscheinlich ebenso bestrebt, der Tätigkeit als Geschworener zu entgehen wie heute. In einem der Gerichte, das nicht für Geschworenenverhandlungen vorgesehen war, saßen einst zwölf Männer in einem Fall ohne Geschworenenloge auf einfachen Stühlen am Rand des Raumes. Sie selbst fühlten sich äußerst unwohl; Ihre Beine waren entblößt und sie wirkten erschreckend unkonventionell.

Zwischen dem Schreibtisch des Richters und der Geschworenenloge befindet sich der Zeugenstuhl, ein gewöhnlicher Stuhl, der nicht ganz so hoch, aber neben dem des Richters steht und von dem aus er auf den Zeugen herabblicken kann. Die Position des Zeugenvorsitzenden kann für das Gefühl verantwortlich sein, den Zeugen zu schützen, das in den Köpfen des Richters und der Jury herrscht. Es herrscht eine natürliche Sympathie für ihn, als ob er vom Untersuchungsanwalt angegriffen würde. Der Zeuge saß früher in einer kleinen geschlossenen Loge und in Italien, wo die Gerichtsszenen intensiver sind, sagen die Gefangenen in Strafprozessen bis heute hinter Eisengittern aus.

Unter dem Zeugenstuhl steht der Stenograph. Die frühere Vorstellung vom alten Schreiber oder Gerichtsschreiber mit weißem Haar und grüner Augenfarbe ist verschwunden. Der moderne Stenograph, der ein Prozessprotokoll führt, ist wahrscheinlich ein energischer junger Mann, der in der Liste der Beamten weit oben angekommen ist, sich mit Jura auskennt, für eine bessere Position studiert oder mit einer sehr profitablen Stenographenvereinigung verbunden ist. Geschäft im Außen.

Der eigentliche Gerichtssaal ist vom Rest des Raumes durch ein Eisen- oder Holzgeländer getrennt, das von einem eifersüchtigen Gerichtsdiener bewacht wird, der stets ein starker Verfechter der Gerichtsetikette ist und die Würde des Gerichts sehr gut wahrt. Er trägt eine Uniform mit auffällig sichtbarem Schild oder Amtsabzeichen und ist in der Regel in einem bestimmten Alter, da er aus der Beamtenliste gestrichen wird, in der Kriegsveteranen und pensionierte Feuerwehrleute oder Polizisten bevorzugt werden. Da er alt ist und so viel stehen muss, hat er natürlich zarte Füße und eignet sich mit den üblichen Auswirkungen aller sicheren und bezahlten Positionen sowohl einen langsamen und schlurfenden Gang als auch die gewöhnlichen Merkmale seiner Klasse an. Er ist vielen kleinen Belästigungen, dummen Fragen, wiederholten Nachfragen, redenden oder streitenden Menschen ausgesetzt, und kleine Unruhen verfolgen ihn überall.

Aufgabe des Gerichtsvollziehers ist die Aufrechterhaltung der Ordnung und die Wahrung der Würde. Sie verfolgen geradezu eifrig den Ignoranten, der mit seinem Hut auf dem Kopf hereinkommt oder sich beim Verlassen des Hauses bedeckt, bevor er die Tür erreicht. Ihre Gehälter sind nicht hoch, aber ihre Aufgaben sind nicht beschwerlich. Sie mögen dem Richter gegenüber fürsorglich und gegenüber den Prozessbeteiligten und Anwälten manchmal überheblich erscheinen, aber sie haben nur die Position der Vorgesetzten oder Platzanweiser im Theater. Dennoch sind sie verständnisvoll und weise im Hinblick auf das menschliche Drama, das sich ständig vor ihnen abspielt.

Die Beleuchtung des Gerichtssaals ist ungewöhnlich dramatisch. Es gibt keine Fußlichter, aber die beste Theorie der Bühnenbeleuchtung besagt, dass es keine geben sollte. Eine der wirkungsvollsten Szenen im modernen Theater ist die Gerichtskulisse in Galsworthys *Justice* . Die Beleuchtung ist indirekt und die roten und grünen Lichtpunkte am Schreibtisch des Richters, in den Ecken der Geschworenenloge und die schattigen Lichter am Ellenbogen des Gerichtsschreibers vermitteln einen bemerkenswerten Eindruck geheimnisvollen Schreckens.

Was auch immer der Grund sein mag, es besteht ein ausgeprägter Unmut gegen die Gerichte. Es gibt nicht nur eine Klage über die lästigen technischen Details des Verfahrens, die langen und fatalen Verzögerungen des Gesetzes, die absurden Formen und Manierismen des Prozesses, sondern dahinter steckt auch ein grundlegendes Misstrauen gegenüber der Justiz selbst. In der Klage wird auf die Ungleichheit der Gerechtigkeit verwiesen. Dass es ein Gesetz für den Armen und ein anderes Gesetz für den Reichen gibt. Die Bühne verleiht dem Gefühl Ausdruck, und die moderne Literatur bringt es zum Ausdruck. Der hochbezahlte Millionär entkommt und der bescheidene Taschendieb landet im Gefängnis.

Es werden Fälle angeführt, in denen die reiche Frau, die von einem ausschweifenden europäischen Einkaufsbummel mit eingenähten Perlen im

Wert von ein paar tausend Dollar in das Futter ihrer Winterhaube zurückkehrt, nur mit einer Geldstrafe belegt wird, während die kleine Hutmacherin aus dem unteren Teil der Stadt ins Gefängnis geschickt wird für den Versuch, einen neuen Mantel einzuschmuggeln. Der Impressario von Kunstsammlungen gerät in einen gigantischen Plan, mit dem er die Regierung mit importierten Bildern um Tausende von Dollar betrügt. Er humpelt vor Gericht, entgeht aus gesundheitlichen Gründen einer Gefängnisstrafe und wird lediglich mit einer Geldstrafe belegt, während der kleine italienische Obstverkäufer wegen des Einbringens einiger getrockneter Pilze mit einer Schnellhaftstrafe belegt wird. Der Großfinanzier, der eine Eisenbahn oder eine Bank ruiniert, verbüßt eine leichte Gefängnisstrafe und taucht wie ein Phönix auf, um neue Dampfschifflinien zu kaufen oder neue Unternehmen zu gründen. Aber der Händler auf der East Side, der abgestandenen Fisch im Wert von ein paar Dollar verkauft, wird bis an die Grenzen des Gesetzes bestraft.

Die Fakten existieren und scheinen für die Allgemeinheit unerklärlich. Es muss zweifellos einen Grund geben, und welcher dieser ist, ist nicht schwer zu finden. Es scheint eines der Geheimnisse des Urteilens und der Gerechtigkeit zu sein, als gäbe es im Hinterkopf des Menschen ein ungeschriebenes Gesetz zugunsten der Eigentumsrechte. Es gibt eine Erklärung und keine Ungleichheit der Gerechtigkeit. Die Fakten sind nicht so, wie sie allgemein behauptet werden oder sein sollen. Die Öffentlichkeit bekommt nur einen Teil des Bildes mit, und aus einer riesigen Gruppe von Fällen werden aus Gründen der dramatischen Wirkung einige gegensätzliche Fälle herausgegriffen. Sie stehen im Rampenlicht der Öffentlichkeit und die sanfteren Lichter und Schatten werden weggelassen. Die Öffentlichkeit sieht die Abstufung nicht. Auf der einen Seite sehen wir, wie die reiche Frau, der millionenschwere Kunsthändler und der Finanzpirat milde behandelt werden, auf der anderen Seite sehen wir, wie die kleine Hutmacherin, der italienische Obstverkäufer und der Hausierer harte Strafen erhalten.

Die scharfen Kontraste machen gute Zeitungsgeschichten attraktiv und berührend. Was die Öffentlichkeit nicht sieht, ist das Gesamtbild aller Fälle angeblicher Ungleichheit, die vor Gericht landen. Dies sind nur sechs von siebenhundert Fällen, die ausgewählt wurden, weil sie melodramatisch sind. Es gab fast siebenhundert weitere Straftäter, die mit Bewährungsstrafen oder leichten Geldstrafen freigelassen wurden, von denen nichts bekannt ist, aber diese drei fallen aufgrund ihres Reichtums auf, ebenso wie die Fälle des Hutmachers, des Pilzverkäufers und des Hausierers aus dem gleichen Grund gemeldet – weil sie auffällig waren. Sie sind aufgrund der Sätze ungewöhnlich. Die Härte ihrer Urteile ist bemerkenswert. Es kann besondere Gründe geben. Die über sechshundertneunzig Menschen, die ebenso leicht bestraft werden wie der reiche Mann, werden nicht bemerkt.

Erfahrungsgemäß hat es der reiche Mann vor Gericht schwerer als der arme Mann. Die Ungleichheit der Gerechtigkeit, wenn es sie überhaupt gibt, ist eher gegen ihn. Weil er reich und berüchtigt ist, kann ihn die Staatsanwaltschaft nicht freilassen. Wenn zum Beispiel ein armer Mann, der zweifellos verrückt ist, einen Mord begeht, wird er nicht vor Gericht gestellt, sondern in eine Irrenanstalt geschickt. Wenn er sich nach mehreren Jahren erholt und entlassen wird, wird nichts darüber gesagt; Die Öffentlichkeit weiß es nicht. Aber sei es ein reicher Verrückter, und der Staatsanwalt wird ihn zwangsläufig vor Gericht stellen. Die öffentliche Aufmerksamkeit verlangt es. Er mag wissen, dass er verrückt ist, aber er muss ihn trotzdem strafrechtlich verfolgen. Die Jury erklärt ihn für verrückt. Nach Jahren seiner Entlassung aus der Anstalt hält die Öffentlichkeit dies für einen Justizirrtum und vergisst dabei den unauffälligen armen Mann, der unbemerkt die gleiche Erfahrung gemacht hat und vor Jahren freigelassen wurde.

Die Verzögerungen bei der Gesetzgebung sind zum Teil auf das Gerichtssystem und zum Teil auf die Langweiligkeit der Gerichtsverfahren zurückzuführen. Die Ineffizienz des Gerichtssystems und der Gerichtsverfahren zeigt sich in der praktischen Arbeitsweise der Zivilgerichte von New York City. Die veraltete Organisation aller Gerichte gleicht einem Flickenteppich, bei dem jedes weitere hinzugefügt oder vergrößert wurde, während New York von einem Dorf unterhalb der Indianer-Palisade an der Wall Street zu seiner heutigen Größe gewachsen ist. So gibt es innerhalb der Stadtgrenzen mittlerweile sieben verschiedene Arten von Zivilgerichten und fünf Arten von Strafgerichten, in denen fast jedes ein eigenes Regelwerk, unterschiedliche Bräuche und unterschiedliche Verfahrensweisen hat, und zwar in den meisten Fällen Die technischsten und kompliziertesten sind oft diejenigen, bei denen sie am einfachsten und verständlichsten sein sollten.

Wo auch immer sich das Gericht befindet, die Umgebung ist im Wesentlichen die gleiche. Der Tatort ist gelegt und die Tischler sind gegangen. Die Zuschauer haben ihren Platz gefunden. Die Bühne ist jedoch leer, plötzlich herrscht Aufregung und Bewegung, das Gerücht geht um, dass gleich etwas passieren wird. Die Gerichtsdiener nehmen ihre Plätze ein. Einer von ihnen richtet sich auf und ruft mit befehlender Stimme : „Meine Herren, bitte stehen Sie auf. Hören Sie, hören Sie, alle Personen, die ein Geschäft haben, kommen näher und Sie werden gehört." Treten Sie ein, Herr Richter.

DER RICHTER

Mit einem Rascheln seines Talars und einer Verbeugung vor dem Gerichtssaal nimmt der Richter seinen Platz auf der Bank ein. Die trivialen Freuden, angekündigt zu werden und die Zuschauer aufstehen zu lassen, wenn er eintritt, haben ihren Reiz verloren, aber ohne sie würde er sich unwohl fühlen. Der grauhaarige Sachbearbeiter überreicht ihm die Liste der Fälle des Tages. Der besorgte Gerichtsdiener fragt, ob er ein Fenster öffnen soll. Der Richter schnüffelt hörbar und ordnet an, die Dampfheizung abzuschalten. Der Gerichtsdiener tut dies und bringt Seiner Ehre ein Glas Wasser. Wenn der Richter auf dem Drehstuhl Platz nimmt, sitzt er auf der Bank und das Gericht tagt.

Tatsache ist, dass der Richter ein ziemlich anständiger Mensch ist. Das Problem ist , dass die Umgebung alle gegen ihn ist. Erstens ist sein ganzer Job ein Job, der ihn dazu bringt, einem Teil gerecht zu werden. Fünf oder sechs Stunden am Tag muss er still in einem stickigen Gerichtssaal auf einem Ledersessel unter einem albernen Baldachin aus Holz oder Plüsch sitzen und so tun, als wäre er der Alleskönner, als wüsste er alles und würde entscheiden, was auch immer er entscheidet ist absolut richtig. Möge er in seinen Entscheidungen zögern oder unsicher sein, und wehe ihm. Niemand hält viel von einem Richter, der sein Geschäft nicht versteht oder zumindest nicht vorgibt, es zu kennen.

Es ist bemerkenswert, wie jemand, der schon lange auf der Bank sitzt, seinen Sinn für Proportionen bewahren kann. Was auch immer er vor Gericht sagt und tut, ist endgültig und offensichtlich genehmigt. Wenn seine Entscheidungen rückgängig gemacht werden, hat dies keine ernsthaften Auswirkungen auf ihn; Er hat so viele Fälle verhandelt, gegen die keine Berufung eingelegt wurde, und der größte Teil der Fälle, in denen Berufung eingelegt wurde, wurde bestätigt. Die Umkehrung erfolgt erst nach langer Zeit und schadet seinen Gefühlen nicht. Auf jeden Fall hat er versucht, sein Bestes zu geben, und die menschliche Natur mag fehlbar sein, obwohl, soweit er sehen kann, die ganze Welt des kleinen Gerichtssaals, in dem er sitzt, sich verschworen hat, um ihm zu zeigen, dass er göttlich ist ausgestattet.

Seine Position ist nicht gerade die des Bluffs, aber er ist die zentrale Figur der Bühne; Wie der Beruf des Schauspielers macht ihn auch der Beruf des Richters zum Egoisten. Nehmen wir zum Beispiel die wesentlichen Elemente seiner Rechtskenntnisse. Er ist der *Jus Dicens* , der das Gesetz sagt, wobei der Name „Richter" von den beiden lateinischen Wörtern abgeleitet ist. Von ihm wird erwartet, dass er das Gesetz kennt, zumindest sollte er das

Gerichtsverfahren und das diesbezügliche Recht seines Staates auswendig kennen. Im Bundesstaat New York beispielsweise umfasst die Zivilprozessordnung fünfhunderttausend Wörter. Er ist verpflichtet, gerichtlich Kenntnis zu nehmen, ohne dass ihm alle Gesetze der Landesgesetzgebung mitgeteilt werden, die mit einer Rate von sechshundert pro Jahr verabschiedet werden.

Von ihm wird auch erwartet, dass er die in Washington verabschiedeten Gesetze der Vereinigten Staaten kennt und mit den neuesten Entscheidungen der Obersten Gerichte der Vereinigten Staaten und denen der letzten 125 Jahre bestens vertraut ist. Er muss alle zitierten Entscheidungen der Gerichte seines eigenen Staates verstehen und so aussehen, als wüsste er sie im Voraus. Diese sind praktisch und übersichtlich in 219 Berichten des Berufungsgerichts von New York, 173 Bänden der Berichte der Berufungsabteilung und 96 Bänden der Miscellaneous abgedruckt Berichte, ganz zu schweigen von den Meinungen und Entscheidungen anderer Gerichte, die überhaupt nicht gedruckt werden. Seine Kenntnis des Gesetzes ist eine furchterregende und wunderbare Sache; er muss einen ozeanischen Geist haben.

Es wird erzählt, dass einer der Anführer der Anwaltskammer früher einen jungen Mann in seinem Büro hatte, der mit zunehmendem Alter und zunehmendem Ansehen in die Richterbank gewählt wurde. Bevor er am 1. Januar seinen Amtseid ablegen sollte, schickte der alte Arbeitgeber und Freund ihn zu sich. Als er ankam, wurde er wie folgt begrüßt: „Joe, ich habe nach dir geschickt, weil ich dich sehen wollte, bevor du Richter wirst. Ich habe dich sehr gern und wollte dich noch einmal so sehen, wie du warst, denn danach." Wenn du auf die Bank gehst, wirst du zwangsläufig zu einem ausgestopften Hemd, denn das tun sie alle.

Dass so viele entkommen, ist eines der Wunder der menschlichen Natur. Dass sie ihre Menschlichkeit bewahren, ist der Vorsehung zu verdanken, die dem geschorenen Lamm den Wind zügeln will. Die Position nimmt zwangsläufig jegliche Initiative. In der Politik gilt der Richter als „Toter". Nach ein paar Jahren auf der Bank kann nur der außergewöhnliche Mann die Fesseln seines Berufs abwerfen und ins wirkliche Leben zurückkehren. Er hört auf zu kämpfen, er ist nicht energisch.

Als guter Richter muss er standhaft, aber zurückhaltend sein. Er ist vielleicht nicht zu nachdrücklich. Jeder Anreiz zielt darauf ab, ihn faul, fett und bequem zu machen. Vor ihm verbeugen sich alle und warten darauf, dass er spricht. Er ist der absolute Boss in den vier Wänden seines Gerichtssaals. Der einzige bremsende Einfluss sind die Reaktionen der Anwälte und Zuschauer, die vor ihm stehen. Ihre Meinung kann nicht offen geäußert werden; sie sind bis danach reserviert. Wenn ein Richter wirklich eine Vorstellung von der hohen Wertschätzung hat, die ihm entgegengebracht wird, soll er herausfinden, was nach Abschluss des Verfahrens über ihn gesagt wird, wenn die Mandanten und Anwälte im Aufzug nach unten fahren oder was die hinteren Bänke tun habe geflüstert.

Wahrscheinlich hat er diesbezüglich einen Verdacht, aber egal, wie tolerant er sein möchte, es besteht die Versuchung, zu zeigen, dass seine Autorität überragend ist; dass, wenn die Anwälte anfangen, über einen Punkt zu diskutieren, zu dem er sich eine Meinung gebildet hat, er ihnen das Wort schneidet; wenn die Zeugin im Zeugenstand zittert, ob der Unfall an einem Donnerstag oder einem Freitag passiert ist, um sie zu fragen: „Wissen Sie nicht, dass der Donnerstag letztes Jahr der 16. April war?", was sie natürlich nicht weiß . Es besteht die Versuchung, das Gefühl zu haben, dass er sich niemals irren kann; dass eine Frage neu gestellt werden kann, er aber seine Meinung nicht ändern wird.

Es besteht die Möglichkeit, dass der Richter ein milder Tyrann ist. Es ist jedoch nicht immer sicher, davon auszugehen, dass er als Tyrann auch ein Feigling ist. Er mag es sein, aber bei einem Prozess sind die Chancen zu groß für ihn. Wenn der Anwalt gegen den Richter kämpfen will, steht für ihn viel auf dem Spiel; Er kann ein so starkes Vorurteil wecken, dass der Richter, der die Spielregeln besser kennt als er, ihn aus Formsache schlagen könnte. Andererseits ist es ein Fehler , wenn der Anwalt unterwürfig und zu kleinlich ist. Da der Richter ein Tyrann ist, neigt er dazu, seine Position auszunutzen. Die beste Strategie besteht darin, an seine menschlichen Instinkte als Mann zu appellieren. Er mag trotz der gegenteiligen Kritik der Gerichte anständig sein. Wenn er freundlich behandelt wird, wird er antworten.

In New York wurden Richter bis etwa 1846 ernannt, als es zu einem Volksaufstand kam und die Verfassung geändert wurde, und seitdem sind sie wählbar, mit Ausnahme einiger kleinerer Gerichte. Die Vorteile der beiden Methoden sind eine offene Frage. Die Argumente für die Ernennung sind, dass sie zu einer unabhängigen Justiz führt und bessere Männer für die Richterbank sichert, während dies beim anderen nicht der Fall ist, weil der hochkarätige Anwalt nicht die Turbulenzen und die vermeintliche Entwürdigung eines politischen Wahlkampfs durchmachen muss. Diese Argumente sind nicht stichhaltig.

Das Argument für die Wahl von Richtern ist, dass dadurch das Richteramt menschlicher, moderner und im Einklang mit dem Willen des Volkes bleibt. Das eine ist die aristokratische Idee, das andere die demokratische. Ein Gericht in seiner gegenwärtigen Zusammensetzung ist eine autokratische Institution, aber die Richter sollten Demokraten sein. Es herrscht das Gefühl vor, dass der Mann, der eine politische Karriere durchlaufen hat, zu der auch das Training von Wahlkämpfen gehörte, mehr Verständnis für die

Bedürfnisse der Menschen hat, denen er dienen soll, und dass Gerichte auf geschäftlicher Basis organisiert werden sollten.

Ein amüsanter Aspekt eines Wahlrichters ist, dass er sich in einer ungewöhnlichen Lage befindet. Wenn er Politik macht und versucht, sich Freunde zu machen, entweder durch seine Entscheidungen auf der Richterbank oder indem er den Anweisungen eines übergeordneten politischen Chefs hinsichtlich der Ernennung von Schiedsrichtern und Schiedsrichtern gehorcht, wird er sofort zu einem korrupten Richter. Der Gestank seiner ungerechten Entscheidungen wird früher oder später der Öffentlichkeit in die Nase dringen und seine Chancen auf eine Wiederwahl sind vertan. Er läuft Gefahr, angeklagt und entfernt zu werden.

Wenn er andererseits die Organisation vergisst, die ihn gewählt hat, entweder wegen der Schirmherrschaft oder der Ablehnung eines gewünschten Rechtsbehelfs, und sein Gericht so führt, dass es weder Furcht noch Gunst gibt, ist er ein politisch undankbarer Mensch verdient weder Wiederwahl noch Beförderung. Natürlich sind das die beiden Extreme; Glücklicherweise ist die menschliche Natur nicht das, was die Soziologen und politischen Theoretiker daraus machen würden.

Der politische Chef ist nicht der skrupellose Ungeheuer, den sich die Mistkerle vorstellen. Er befiehlt dem Richter nicht, den Hunderttausend-Dollar-Vertragsfall zugunsten seines Handlangers zu entscheiden. Er möchte vielleicht, dass er das tut, aber er fragt nicht danach. Der Richter beugt sich auch nicht in die andere Richtung und sperrt den Auftragnehmer ein, weil er ein Freund des Chefs ist. Die Bewegungen für die unparteiische Wahl von Richtern zeigen, dass einige dieser Ungereimtheiten erkannt werden.

Auch das grelle, helle Licht, das einen Thron umspielt, macht den Richter auffällig. Wenn er niest, wenn er hustet, wenn er ein Glas Wasser trinkt , hat er wahrscheinlich Fieber und ist verärgert. Wenn er still bleibt, schläft er ein und passt nicht auf. Wenn er aufsteht oder sich hinsetzt, wird dies als Hinweis darauf vermerkt, wie er den Fall entscheiden wird. Jede Bewegung wird beobachtet. Die Position eines Richters ist nicht beneidenswert. Er ist das konkrete Objekt, an dem die Übel des Gerichtssaals hängen. Für die Allgemeinheit ist er das Gericht, das Gesetz, die Verfahrensmethode, die Quelle aller Formalitäten und Verzögerungen. Die geschlagene Seite wird ihm einen Groll hegen, und die Siegerseite meint, sie hätte mehr bekommen sollen.

Wenn er bei der Auslegung des Gesetzes nachsichtig ist, kann er für seine Unfähigkeit zur Rechenschaft gezogen werden; ist er zu streng, wird ihm Gereiztheit vorgeworfen. Wenn er zu höflich ist, könnte es so aussehen, als würde er ihm einen Gefallen tun. Ein Richter eines Gerichts wollte einmal freundlich sein und bat einmal einen jungen Berater, dessen Fall aus

Formsache abgewiesen worden war, zu ihm zu kommen und sich zu ihm auf die Bank zu setzen. Der junge Mann beklagte sich hinterher bei seinen Freunden darüber, dass der Richter ihn beschämen und auffällig machen wollte.

Es gibt nur wenige Richter, die es wagen, die Vernehmung eines Zeugen abzubrechen, obwohl die Länge und Richtung eines Prozesses im Ermessen des Richters liegen sollten. Er wird durch die Formalitäten derjenigen behindert, die darauf bestehen und auf eine Umkehrung im Berufungsverfahren hoffen, und manchmal werden dieselben Formalitäten verwendet, um zu verhindern, dass die tatsächlichen Fakten ans Licht kommen. Die Lösung liegt wahrscheinlich darin, die Befugnisse der Richter über die Durchführung eines Prozesses auszuweiten.

Er hat eine Position von Interesse und Autorität und eine, die Respekt einflößt. In England kleidet er sich in Seidenstrümpfen und steht in der Bedeutung dem König am nächsten oder ist einem Bischof in etwa ebenbürtig. In Deutschland ist er etwas besser als ein Herr Pfarrer oder ein Arzt, aber schlechter als ein junger Leutnant in der Armee. In Frankreich sind die Gehälter der Richter erbärmlich. Der oberste Richter, der Präsident der Cour de Cassation, erhält 5.000 Dollar pro Jahr und die unteren Richter nur ein paar Hundert, ohne die Möglichkeit, durch die Ausübung der Anwaltstätigkeit etwas zu verdienen, aber dort werden die Richter überredet, den Restbetrag von dem herauszunehmen, was ihnen zusteht in Gehältern zu Ehren ihrer Position.

Wir sind so erschreckend offenherzig und sachlich, dass wir glauben, dass die Konventionalität von Prunk und Umständen in Gerichten und Gerichtsverfahren zu sehr berücksichtigt wurde und dass Würde nicht durch das Tragen einer Perücke, Kniebundhosen oder Gewändern aus Hermelin und Seide erreicht wird . Es gehört zu einem klaren Volk, dass es Staat und Symbole verachtet. Jeder Versuch, zu den Konventionalitäten Europas zurückzukehren, stößt auf die Verachtung einer Demokratie.

Mit dem Aufbegehren gegen die Form waren wir so beschäftigt, dass wir nicht auf die Veränderung der Substanz reagierten, die die modernen Bedingungen erforderten. Die Gerichte gelangen nach und nach zu einer einfacheren Grundlage. Früher waren sie vielleicht von mehr Prunk und Prunk umgeben, aber jetzt ist das Werk besser angelegt und der Ablauf verläuft moderner. Änderungen in den Praxisgesetzen werden Gerichtsverfahren revolutionieren. Die Menschen lächeln über die Würde ihrer Gerichte und Richter. Der moderne Geist steht für mehr Offenheit, Einfachheit und Direktheit.

Wenn er ein vernünftiger und einigermaßen einfacher Mann ist, versucht der Richter, seine Pflicht entsprechend dem Licht zu erfüllen, das in ihm ist.

Er kennt einige Gesetze, hat eine Menge menschlicher Natur und Leidenschaften vor sich fließen sehen. Der Gerichtssaal, seine Autoritätsposition, der Respekt vor der Gemeinschaft, das menschliche Drama, die abstrakte und immaterielle Forderung nach etwas, das über dem Wirklichen liegt, erweckt im Richter jene Leidenschaft für Gerechtigkeit, die eine fast göttliche Qualität hat. Der Mann selbst wird geduldig, verständnisvoll und menschlich. Fast jeder Mann, egal wie klein er am Anfang ist, stellt sich der Verantwortung seiner Position. So ist es mit dem Richter.

Es ist unklar, ob der Richter Anspruch auf mehr Respekt seitens der Anwälte und Laien hat oder ob die Laien Anspruch auf mehr Respekt seitens des Richters haben. Der Richter sitzt träge zusammengekauert in seinem Sessel; Vor ihm streitet ein Anführer der Anwaltskammer. In eloquenter Manier plädiert er für einen jungen Anwalt, der wegen „Missachtung des Gerichts" bestraft werden soll.

„Und so wird Euer Ehren erkennen, dass der junge Mann in der Hitze und Aufregung eines Prozesses, in der Aufregung des Rechtsstreits, in der Intensität eines forensischen Kampfes möglicherweise den Respekt und die Ehrerbietung vergessen hat, die einem jemals gebührt Mitglied der Rechtsanwaltskammer zum Vertreter einer hochgesinnten Justiz."

Der Richter scheint von der Berufung unberührt zu bleiben. Der junge Mann sei unhöflich und unverschämt gewesen, eine Geldstrafe von 250 Dollar müsse als Strafe für sein Fehlverhalten gelten.

Plötzlich sagt der Kläger mit einer Handbewegung und einem Augenzwinkern: „Schauen Sie sich den Unterschied zwischen der Position eines Anwalts an, der, wachsam und voller ruheloser Energie, für einen Moment seine Manieren vergisst, wenn er für seinen Mandanten kämpft, und der anderen Seite." die Ruhe" – er zeigte auf den Richter, der immer noch halb zurückgelehnt in seinem Stuhl sitzt – „die Ruhe, ich wiederhole, völliger richterlicher Ruhe."

Ein Lächeln geht durch den Gerichtssaal. Der Richter richtet sich auf, erkennt den Humor der Situation und die Geldstrafe wird erlassen.

Es gibt ein ständiges Spiel gegensätzlicher Einflüsse auf den Richter. Als Verfechter des Rechts wird er zum Formalisten und Reaktionär. Die drängenden Forderungen der Menschlichkeit, denen das Gesetz niemals genügen kann, neigen dazu, ihn zum Revolutionär zu machen. Das rettende Element für ihn ist, dass er nur Teil eines Systems ist, für das er nicht verantwortlich ist.

Nachdem der Richter die Liste der Fälle für den Tag aufgerufen und über die Anträge auf Vertagung entschieden hat, wendet er sich an den

Gerichtsschreiber, der beginnt, die Liste der Männer aufzurufen, die eine wichtige Rolle auf der Bühne spielen sollen – die Geschworenen.

Für den Richter besteht die Lösung der Angelegenheit darin, ihm größere Befugnisse zu verleihen. Lassen Sie ihn für die Führung eines Falles vor Gericht absolut verantwortlich sein. Seine Position sollte nicht die eines Schiedsrichters sein, der schweigt, bis ein Streit entsteht, sondern vielmehr die eines Hauptbeurteilers, der von den beiden Anwälten und der Jury unterstützt wird.

Die besorgte Jury

Das Hauptmerkmal der Jury ist, dass sie nicht vor Gericht sein möchte. Der Name kommt vom französischen Wort *Juré* , „geschworen" oder „Mann, der einen Eid geleistet hat". Es gibt wahrscheinlich keinen Grund anzunehmen, dass das Wort von dem Geisteszustand abgeleitet ist, in dem sich ein Geschworener befindet, noch sind damit die Worte gemeint, die er in Bezug auf seine Pflicht geäußert hat: Vielmehr sind es die Männer, die geschworen haben, etwas zu tun Gerechtigkeit. Das Wort „dienen" impliziert, dass die Geschworenenpflicht mit einer Strafe oder Strafe verbunden ist. Für den Durchschnittsmenschen wird es nicht als Zuchthaus betrachtet, aber es scheint diesem nahe zu kommen. Während er bedient, geht sein Geschäft zugrunde, seine Frau versteht nicht, warum er nicht zum Abendessen nach Hause kommt, und sein ganzes Leben gerät aus den Fugen. Wenn ein Mann in einer Jury gedient hat, erhält er eine Entlassungsbescheinigung.

Die Geschworenenpflicht ist eine der Pflichten der Staatsbürgerschaft und ihre höchste Pflicht; zugleich ist es eines seiner Privilegien. Ausländer und Idioten können nicht dienen. Ausgenommen sind Ärzte, Soldaten, Journalisten, Geistliche und andere, mit Ausnahme derjenigen, die gehörlos, blind oder anderweitig behindert sind. Die Erfahrung, in einer Jury zu sitzen, mag zwar ärgerlich sein, aber sie erweitert die Situation und bietet die Möglichkeit, die menschliche Natur auf eine Weise zu sehen, die nur wenige zu schätzen wissen. In einer Jury zu dienen bedeutet, Teil des Justizsystems des Staates zu werden und vorerst der herrschenden Klasse anzugehören.

„Den ganzen Tag", sagt der Gerichtsbeamte, „murren sie immer wieder darüber, dass man sie von ihrem Geschäft fernhält, aber wenn sie für einen Fall ausgewählt werden, merken sie, dass es nichts nützt, also beschließen sie, was zu tun." ist richtig." Der Landmann mag vielleicht nicht viel zu tun haben und den Dienst als Geschworener vielleicht eher als Abwechslung oder Urlaub von der Arbeit auf dem Bauernhof betrachten, aber der durchschnittliche Stadtbewohner hat das Gefühl, dass die 2 Dollar pro Tag , die er erhält, im Vergleich zu dem Betrag, den er in seinem Geschäft verliert, nur Geld für das Mittagessen sind , und deshalb hasst er es.

Die erste Warnung vor Ärger bekommt ein Geschworener, wenn er nach Hause kommt und feststellt, dass ein Polizist nach ihm gesucht hat. Es bleibt zu hoffen, dass er ein schuldloses Gewissen hat. Er erkundigt sich weiter und erfährt, dass es nur ein Gerichtsbeamter war, der ihn für die Verhandlung im nächsten Monat vor Gericht bestellte. Sein erstes Anliegen ist es, herauszufinden, was politisch getan werden kann. Wenn er dem örtlichen Verein des Bezirks angehört – aber hier soll der Vorhang zugezogen werden. Abgesehen davon, dass er möglicherweise sehr wenig erreicht, scheinen sich viele der Richter nicht an ihre politischen Verpflichtungen zu erinnern. Dann versucht er über einen Freund, den Richter zu erreichen, und als das scheitert, macht er sich am vereinbarten Termin resigniert auf den Weg zum Gericht.

Als er zum ersten Mal dort ankommt , lächelt er den Gerichtsdiener an und versucht, Freundschaften zu schließen, doch der Gerichtsbeamte, der schon oft dort war, ist überhaupt nicht empfänglich. Vielleicht eilt er in die Kammer des Richters und schafft es, die Sekretärin des Richters zu treffen, die Verständnis dafür hat, dass der Monat Dezember ist und im Floristengeschäft die Hauptsaison des Jahres, und dass es nur eine Assistentin im Geschäft gibt, aber Der Richter ist beschäftigt und wird ihn nur von der Bank aus sehen. Schließlich geht er vor Gericht und wartet darauf, dass sein Name aufgerufen wird.

Nach dem Appell geht er schüchtern an die Reling und wartet dort, bis seine Ehren auf ihn aufmerksam werden. Seine Ehre ist damit beschäftigt, sich die Nase zu putzen oder Papiere zu unterschreiben. Schließlich weist ihn der Gerichtsbeamte darauf hin. Der Richter blickt finster und fragt ihn, was er will. Zitternd erklärt er seine Schwierigkeiten: dass sein Unternehmen ihn braucht oder dass seine Frau krank ist und dass er jeden weiteren Monat absitzen wird, wenn er jetzt entlassen werden kann. Der Richter hält ihm einen Vortrag über die Staatsbürgerschaftspflicht und die Verantwortung der Geschworenenpflicht und sagt, es täte ihm leid, dass er ihn nicht entschuldigen könne.

Wenn der Richter anschließend feststellt, dass genügend Geschworene im Gericht anwesend sind, um den Bedarf des Kalenders zu decken, kann er dem Geschworenen privat durch einen Gerichtsdiener mitteilen, dass er für die Amtszeit oder für ein paar Tage, bis der Weihnachtsansturm vorüber ist, entschuldigt ist seiner Frau geht es besser. Richter sind oft menschlich, aber wenn sie den Geschworenen offen entschuldigen würden, würden alle anderen im Gericht die gleiche Ausnahmeregelung fordern. Wenn der Geschworene lediglich seiner Pflicht ausweichen will, wird er wahrscheinlich nicht entschuldigt. Der Richter scheint überraschend intelligent und urteilsfähig zu sein und in der Lage zu sein, die Schafe von den Ziegen zu trennen. Der Mann, der dem Dienst nur entgehen will, muss es normalerweise tun, und der Mann, für den es eine Belastung ist, wird manchmal entlassen. Die Geschworenen halten es einhellig für ein notwendiges Übel, aber wenn sie einmal vor Gericht stehen, ist das nicht so schlimm.

Bis ein Fall zur Verhandlung aufgerufen wird, sitzen sie im Gerichtssaal herum oder gehen durch die Flure. In der Zwischenzeit ordnet der Richter den Kalender, und sie haben die Manöver der Anwälte beobachtet, um ihre Fälle aufzuschieben, oder sie haben vielleicht die amüsanten kleinen Nebenspiele gesehen, wenn ein Anwalt den Gang des Gerichtssaals durchquert Er macht seinem Gegner ein Knopfloch und flüstert ihm etwas zu. Der andere Anwalt macht seinem Mandanten ein Zeichen und die Partei begibt sich in den Saal, wo eine Geheimkonferenz über einen Vergleichsvorschlag stattfindet. Es kommt zu einer Einigung, oder es kann sein, dass sie sich nicht einigen und beschließen, den Prozess fortzusetzen. Wenn es zu einer Einigung kommen soll, treten die beiden Anwälte an die Reling und sagen:

„Würden Sie uns entschuldigen, wenn wir den Fall Allen gegen Brewster als erledigt markieren?" Der Richter lächelt erfreut; Es macht ihm überhaupt nichts aus, zu diesem Zweck unterbrochen zu werden. Er ist froh, dass noch ein weiterer Fall aus dem Spiel genommen wurde.

Jury auszuwählen, warten sie darauf, dass ihre Namen aufgerufen werden, mit dem Gedanken, dass die Axt gleich fallen wird. Bei der Vernehmung beantworten sie die Fragen zu ihrem Beruf und ihrer Meinung wahrheitsgemäß, aber wenn sie aus irgendeinem Grund entschuldigt werden, verlassen sie die Loge mit einem Lächeln auf die Angeklagten und einem Seufzer der Erleichterung, da sie der Gefahr entkommen sind.

Wie viele Ehrungen ist auch die Position des Vorarbeiters einer Jury eine leere Ehre. Er hat den ersten Platz inne und leitet die Prozession, wenn die Geschworenen das Gericht betreten und verlassen; er verkündet auch das Urteil, hat aber weder im Geschworenensaal noch im Gericht tatsächliche Macht. Wenn es zu einer Abstimmung kommt, hat er keine entscheidende Stimme, aber in den Beratungen fällt er schnell auf das Niveau, das seine Leistungen rechtfertigen.

Während des Prozesses wächst ein Gefühl des Unmuts über das Gerichtsverfahren. Es ist nicht mehr der Richter, der sie festhält und verzögert. Die Zeugen erscheinen zwar wie Dummköpfe, aber die Anwälte lassen sie noch dümmer handeln als nötig. Warum fällt der Richter so absurde Urteile? Das Gesetz muss eine unvernünftige Sache sein und der Richter weiß offensichtlich eine Menge darüber. Warum können die Zeugen nicht sagen, was sie wissen? Am ermüdendsten ist es, wenn die Anwälte anfangen, über die Aussage zu streiten. Die eine Seite möchte, dass der Zeuge etwas sagt, die andere Seite nicht. Der Richter bleibt stehen und lässt die Anwälte weiter reden, als wäre es etwas Wichtiges, vielleicht kann er nichts dagegen tun. Die Anwälte oder der Richter können nicht viel zu tun haben. Der Richter wird zwar dafür bezahlt, zuzuhören, aber die Anwälte müssen ziemlich in Bedrängnis geraten, wenn sie weiterhin so reden. Kein Geschworener würde hier bleiben und seine Zeit während der Geschäftszeiten verschwenden, und danach gibt es die Zeitungen, das Abendessen und den Ausflug mit der Familie ins Kino, was alles viel sinnvoller ist.

„Sagen wir, es ist wie eine Varieté-Show, wenn man sieht, wie die beiden weitermachen", denkt der Geschworene. „Man könnte es nicht schlagen, wenn man es in einer Schauspielerei aufführen würde. Georgie Cohan oder Joe Weber könnten ihr Vermögen machen, wenn sie nur die Anwälte als Schauspieler engagierten oder wegen ihres Materials vor Gericht kämen."

Gelegentlich ruft der Richter die Anwälte an seinen Schreibtisch und sie besprechen gemeinsam etwas, das die Jury nicht hören kann . Die Jury sieht aus, als wäre es ihnen egal. Wenn sie noch mehr reden wollen – nun, lassen Sie sie. Vielleicht planen sie ein Spiel und die Jury wartet, bis sie an der Reihe sind. Im Geschworenenraum können sie ihnen zeigen, was was ist; Dort wissen sie, dass ihre Chance kommt. Auch wenn der Richter nur versucht, etwas über den Fall herauszufinden, ist das eine vernünftige Vorgehensweise. Warum kommen die Anwälte nicht vorbei und reden so mit der Jury? In wenigen Minuten könnten sie ihnen einige Fragen stellen, die die ganze Angelegenheit klären würden.

Das Seltsame daran ist, dass einer der Anwälte aufspringt und sagt, dass er diesen Teil komplett streichen will, wenn ein Zeuge etwas gesagt und gesagt hat, was er oder sie über den gesamten Fall denkt, was genau das ist, was die Jury wissen möchte Richter schlägt zu. Nachdem der Anwalt einen Treffer erzielt hat, sagt er:

„Ich bitte Euer Ehren, die Jury anzuweisen, die soeben abgegebene Aussage außer Acht zu lassen."

„Meine Herren", sagt der Richter, „die soeben vorgelegten Beweise wurden vom Gericht abgelehnt und sind für die Sache nicht relevant, und ich muss Sie anweisen, diese Worte des Zeugen nicht zu berücksichtigen und sie bei der Urteilsfindung nicht zu berücksichtigen." ."

Von all den Absurditäten, die vor Gericht passieren, halten die Geschworenen das für das Schlimmste. Glaubt der Richter oder der Anwalt auch nur für einen Moment, dass die Geschworenen vergessen werden, was der Zeuge gesagt hat, weil sie es so sagen, insbesondere wenn es genau das war, was sie herausfinden wollten? Sie beobachten den Stenographen und bemerken, dass er sich nicht einmal die Mühe macht, es aus dem Notizbuch zu streichen.

Gelegentlich ist ein Geschworener besonders interessiert und möchte etwas in Frage stellen. Normalerweise ist er zu selbstbewusst, um das Risiko einzugehen, brüskiert zu werden, aber manchmal ist er mutiger und wagt eine Frage.

„Warum", fragt der Geschworene, „hat die Beklagte die Ware nicht zurückgegeben, wenn sie nicht ihren Wünschen entsprach?" Beide Anwälte sind auf den Beinen. Es gibt eine stumme Berufung an das Gericht; Beide Seiten haben Angst, Einwände gegen die Frage zu erheben, da sie glauben, der Geschworene könnte Vorurteile haben, wenn er angehalten würde. Der Richter kommt normalerweise zur Rettung und sagt dem Geschworenen, dass es ihm leid tut, dass seine Frage aber offensichtlich formal unpassend ist. Der Beweis sollte darin bestehen, ob der Angeklagte eine bestimmte Sache getan oder nicht getan hat. Der Grund, warum er es getan hat, ist nicht stichhaltig. Nach zwei oder drei Versuchen dieser Art beruhigt sich der Geschworene und sitzt geduldig und ohne jegliche Anregung während des Prozesses da. Er denkt, dass vor ihm ein hoffnungslos kompliziertes Spiel stattfindet, und versucht nicht, sich einzumischen.

Es mag etwas Wahres an der Theorie des Anwalts sein, der sagt:

„Achten Sie immer auf den Geschworenen, der Ihrem Zeugen Fragen stellt. Er ist gegen Sie. Wenn er dem Zeugen absolut glauben würde , würde er es ohne Befragung passieren lassen." Diese Argumentation kann in beiden Fällen als Argument verwendet werden, denn wenn der Geschworene dem Zeugen glaubt , könnte er das Gefühl haben, dass er ihn gerne mehr erzählen lassen würde. Oder wenn er ihn nicht als ehrlich akzeptiert, denkt er, dass es sich nicht lohnt, ihm andere Fragen zu stellen. Es kann ein Rückschluss auf die Pro- und Contra-Haltung des Geschworenen gezogen werden.

Für die Jury ist es unerklärlich, wenn der Richter ihnen den Fall entzieht und ein Urteil oder eine Abweisung der Beschwerde anordnet. Dass die Jury gezwungen sein sollte, sich die ganze Masse an Zeugenaussagen anzuhören und dann am Ende keine Chance zu haben, zu entscheiden, ist unvernünftig. Wenn der Kläger keinen Fall hatte, warum ließ der Richter ihn dann weitermachen? Er hätte es früher herausfinden sollen, anstatt die ganze Zeit zu verschwenden.

Nachdem der gesamte Fall abgeschlossen ist, kann es vorkommen, dass sich beide Seiten für eine Urteilsrichtung einsetzen und die Jury dann nichts zu tun hat. Der Richter sagt:

„Meine Herren der Jury, ich weise Sie an, ein Urteil für den und den zu fällen." Bevor sie sagen können, ob sie es wollen oder nicht, verkündet der Gerichtsschreiber ein Urteil für den und den. Das ist sehr ärgerlich und entmutigend, insbesondere wenn die Jury ein Urteil fällen würde, das der Entscheidung des Richters direkt widerspricht. Technisch gesehen haben sie das Recht, sich zu weigern, ein Urteil zu fällen, wie der Richter es anordnet, aber wenn sie es täten, würde dies nur zu einem Fehlverfahren führen.

Es ist ein Beispiel für den Unterschied zwischen der Funktion eines Richters und einer Jury. Die Jury gibt die Fakten weiter, der Richter das Gesetz. Wenn der Richter den Fall abweist, sagt er, dass die Tatsachen möglicherweise so sind und dass das, was passiert ist, wahrheitsgemäß angegeben werden kann, aber selbst dann macht es keinen Unterschied. Das Gesetz besagt, dass diese Tatsachen keinen Fall ausmachen. Nur wenn die Fakten einen Fall bestätigen, kommt der Jury eine Funktion zu. Dann ist es an ihnen herauszufinden, ob der Sachverhalt so ist, wie der Kläger ihn behauptet oder wie der Beklagte. Die Jury ist meist verwirrt und versteht den Unterschied nicht. In bestimmten Fällen ermittelt der Richter sowohl den Sachverhalt als auch das Gesetz und entscheidet über die gesamte Angelegenheit. In diesen Fällen und in der sogenannten Gerechtigkeit gibt es keine Jury, aber ein Richter kann immer eine Jury verlangen, wenn er möchte, dass eine Jury den Sachverhalt ermittelt.

Eine Jury soll in einem Strafverfahren für den Beklagten und in einem Zivilverfahren für den Kläger von Vorteil sein.

„Ein Richter ist besser als zwölf", sagt der Verfechter des Non-Jury-Systems. „Recht ist eine technische Sache und man kann einen technischen Fall nicht klar genug darstellen, dass zwölf Männer ihn vollständig verstehen könnten."

Eine Diskussion über das Jurysystem findet nicht statt. Die Geschworenen wurden bereits vorgeladen und sind vor Gericht, und bis die Struktur des Gesetzes geändert wird , werden sie dort bleiben. Sie sind bereit, sich mit jedem Fall zu befassen, der vor ihnen liegt. Der Richter ist erleichtert, dass er die Fakten nicht preisgeben muss. Nachdem das Gesetz festgelegt ist, muss er nur noch dafür sorgen, dass die Fakten den Geschworenen fair und klar dargelegt werden, dass beide Seiten den Fall vernünftig führen und dass der Prozess so unvoreingenommen wie möglich verläuft. Die ängstliche Geisteshaltung gegenüber der Jury ist die der zu beurteilenden Parteien, der Anwälte und ihrer Mandanten.

Die Geschworenen sind nicht sehr aufgeregt über das Unrecht der einen oder anderen Seite. Sie genießen den Prozess sicherlich nicht und betrachten ihn nicht als Beispiel für einen guten Kampf, obwohl er nach dem gegenwärtigen Verfahrenssystem genau das sein soll.

DER ANSTRENGENDE ANWALT

Von gleicher Bedeutung in der Besetzung sind die Anwälte. Sie spielen die Rollen, die eine Handlung darstellen. Der Richter und die Jury sind die schweren Charaktere. Die Klienten, die ein- und ausgehen, während sie den Zeugenstuhl einnehmen oder verlassen, sind von untergeordneter Bedeutung. Die Anwälte stehen die meiste Zeit über im Mittelpunkt der Bühne. Ihre Mandanten sitzen da und schauen zu, Richter und Geschworene schweigen und hören ihnen zu.

Um einen Versuch oder einen Wettbewerb durchführen zu können, müssen zwei Seiten vorhanden sein. Es können drei oder mehr Anwälte sein, aber normalerweise teilen sie sich in zwei Gruppen und vertreten Partei. Die angreifende Partei – der Kläger, Beschwerdeführer oder Staatsanwalt – ist natürlich aggressiver und der Mann, der sich verteidigt.

Der Anwalt des letzteren ist derjenige, der vorsichtig und wachsam ist. Manchmal setzt sich der angreifende Anwalt, nachdem er eine Position erlangt hat, hin und verteidigt sie. Während des Prozesses gibt es einen ständigen Angriffswechsel, die Eroberung einer Redoute, Angriffe und Gegenangriffe, eroberte und wieder aufgegebene Schützengräben. Der intellektuelle und rechtliche Kampf ist ebenso erbittert wie jeder physische. Für den verständnisvollen Beobachter und den Teilnehmer ist es bedeutsam und intensiv.

Während der Wettbewerb läuft, gibt es keine Pause. Der Kampf ist immer heiß, erbittert und erbittert. So ruhig sich der Anwalt auch verhalten mag, unter seinem ruhigen Äußeren ist er bereit zu kämpfen, zu beißen, zu kratzen, zu schießen, zu töten, aufzuschlitzen, aber er muss dies immer im Einklang mit den Spielregeln tun und darf niemals unter die Gürtellinie gehen. Worum es in der Schlacht geht, ist die Streitfrage, das Ergebnis wird Urteil oder Entscheidung genannt, und die förmliche Stellungnahme des Gerichts zum Ergebnis heißt Urteil.

Der Wettbewerb ist so real, dass er schon bald kein Theater mehr ist . Es ist zu ernst, und egal, wie humorvoll es auch sein mag, es verliert nie die zugrunde liegende Intensität menschlicher Konflikte. Ein bekannter Prozessanwalt sagt, dass er den Verlust eines Falles immer in der Magengrube spürt, ein anderer sagt, dass er niemals einen Prozess beginnen kann, ohne sich die Stirn abzuwischen, aus Angst, dass Schweißperlen sichtbar werden könnten. So gewöhnlich und gewohnt die Prozessteilnehmer auch sein mögen, es wird immer der tiefe Grundstress menschlicher Leidenschaften bleiben.

Wenn Anwälte beobachtet werden, kann es sein, dass sie abwechselnd aufspringen und sich hinsetzen wie ein Springteufel oder diese Wetterfiguren, bei denen, wenn einer hineingeht, der andere wieder herauskommt. Ihr Erscheinungsbild unterscheidet sich in den verschiedenen Gerichten von den höheren Gerichten, wo der gepflegte, angesehene Anwaltsführer mit dünnen Lippen und weißem Backenbart im Gehrock vor dem Berufungsgericht über Fragen von internationaler Bedeutung debattiert, oder der ängstlich blickende Kleine Anwalt, der in einem der unteren Gerichte mit einem auffälligen Diamantring und einem Taschentuch in Form einer amerikanischen Flagge aus der Tasche kauert und darüber streitet, ob sein Mandant die vierzehn Dollar Miete zahlen soll oder nicht.

Es gibt nie Frieden zwischen ihnen. Gelegentlich kommt es zu einem Waffenstillstand, wenn sie zusammenkommen, um sich auf einen bestimmten Sachverhalt oder Rechtsschluss zu einigen, aber im Grunde befinden sie sich im Krieg; sonst wären sie nicht vor Gericht. Der einzige Grund dafür, dass sie dort sind, ist ein zu entscheidendes Problem.

Oft treten sie so eifrig auf, dass körperliche Gewalt unmittelbar bevorsteht. Es ist, als wären sie kurz davor, in Handgreiflichkeiten auszubrechen. Der Richter sagt: „Meine Herren, meine Herren." Sie wirken wie zwei ungezogene Schuljungen, die von ihrem Meister kontrolliert werden müssen. Zuerst wird der eine zurückgehalten und zurechtgewiesen, dann wird der andere strikt an die Spielregeln gehalten. Obwohl sie wie Schuljungen gegeneinander kämpfen, scheinen sie manchmal gegen den Richter verbündet zu sein. Wie bei einem Baseballspiel treten beide Seiten gegen den Schiedsrichter an. Es herrscht ein gemeinsames Klassengefühl zwischen den Anwälten, die sie gegen den Richter ausspielen. Dies kann vielleicht durch eine eher subtile Psychologie erklärt werden.

Die Anwälte sind in erster Linie vor Gericht, um ihren Mandanten zu gefallen. Jede Entscheidung des Richters gegen sie, auch wenn nur geringfügige Beweispunkte vorliegen, jede negative Entscheidung ist für sie fatal, wenn es darum geht, den Mandanten für den nächsten Rechtsstreit zu behalten. Sie beobachten den Richter mit luchsartigen Augen. Wird er den Kunden von ihnen vertreiben? Sollte er sie zurechtweisen oder streng äußern, würde ihr Mandant denken, dass sie den Richter verärgert hätten und dass sie den Fall verloren hätten. Die Niederlage in einem Fall ist so wichtig, dass ein Anwalt, wenn er einen Fall verliert , wahrscheinlich auch seinen Mandanten verliert.

Eines Morgens kam ein junger Anwalt in eines der unteren Stadtgerichte auf der East Side mit einer Narbe auf der Wange, einem Kratzer auf der Nase und einem Pflaster am Kinn. Der Richter hatte ihn schon oft gesehen. Nachdem der Fall abgeschlossen war , rief er ihn zum Richterstuhl, sagte ihm, dass es ihm leid tue, dass er einen Unfall hatte, und fragte ihn, was passiert sei. „Oh, nicht viel", sagte der Anwalt, „letzte Woche habe ich einfach einen Fall für einen Mandanten verloren."

Die Klage des Anwalts gegen den Richter lautet immer, er habe vergessen, dass er selbst einmal Anwalt gewesen sei. Er ist sich nicht bewusst, wie wichtig es ist, dass der Anwalt bei seinem Mandanten einen guten Eindruck hinterlässt. Er hat das Gefühl, dass der Mandant denken wird, dass er dumm redet, wenn der Richter ihn beim Argumentieren unterbricht. Der Richter weist seinen Einspruch zurück. Der Mandant glaubt, dass der Richter ihn nicht mag. Der Richter lehnt seinen Streichantrag ab, er sieht den Anwalt offenbar nicht wohlwollend. Die Chance des Anwalts, zur Schau zu stehen, liegt im Reden. Wenn er nicht weitermachen darf, hält er es für unvernünftig, dass der Richter ihm nicht zuhört.

Der feine Grat, den der Richter ziehen muss zwischen der Rücksichtnahme auf die Gefühle der Anwälte und dem Beharren darauf, dass der Gerechtigkeit vollständig und schnell Genüge getan wird, ist schwer zu ziehen. Auf der einen Seite gibt es Gerichte, bei denen den Abschweifungen der Anwälte keine Grenzen gesetzt sind und die Anwälte immer weiter wandern können, offenbar nur, um ihren Mandanten ihre Redekunst zur Schau zu stellen, und andere Gerichte, bei denen die zweifellos schlechten Manieren der Richter zum Ausdruck kommen bar sind unverzeihlich.

Die Kontrolle des Prozesses ist notwendig, da es sich um einen Kampf vor Gericht in einem definierten Bereich handelt. Es ist eine intellektuelle Prüfung im Kampf, eine Beschneidung des Intellekts. Es ist wie bei einem Schachspiel, bei dem das Glück ausgeschlossen ist, das Brett frei ist, die Figuren gleich sind und die Art und Weise, wie sie sich bewegen dürfen, durch die Spielregeln des Gerichtsverfahrens festgelegt ist. Das Element des Zufalls entsteht nicht durch das Gericht oder das Verfahren, sondern durch die Tatsache, dass die Bauern, die Burgen und die Ritter nicht aus Elfenbein, sondern menschlich und veränderlich sind.

Die Anwälte sind mit den Gerichten unzufrieden, während die Richter der Meinung sind, dass die Mängel auf die Schuld der Anwälte zurückzuführen sind. Sie sagen, die Anwälte kooperierten bei der Rechtspflege nicht mit den Richtern und seien zu sehr mit ihrem eigenen Spiel beschäftigt. Hier stellt sich die akademische Frage, ob die Pflicht eines Anwalts zuerst gegenüber dem Gericht und der Justiz oder zuerst gegenüber seinem Mandanten besteht – sollte er einen Mann verteidigen, von dem er weiß, dass er schuldig ist. Der Streit ist sophomorisch. Er ist in erster Linie und zu jeder Zeit der Anwalt seines Mandanten. Das ist der Grund seiner Existenz. Er ist der Agent für seinen Kunden; Seine Zunge, sein Gehirn und seine Energie gehören seinem Klienten. Er hat in allem, was er tut, zweifellos Recht, wenn er sich an die Regeln hält. Gerechtigkeit lässt sich am besten dadurch fördern, dass man die Regeln der Gerechtigkeit bis zum Äußersten beachtet.

Es ist zu bedenken, dass der Anwalt eine unsichere Position einnimmt. Als Gerichtsbeamter hat er den Eid geschworen, die Gerechtigkeit zu fördern; Als Champion im Kampf steht er vor der tiefen Verpflichtung, für seinen Klienten sein Bestes zu geben. Manchmal scheint der Konflikt zwischen seinen Pflichten real zu sein. Als Gerichtsbeamter verfügt er über das Rederecht . Er kann gehört werden und wird zum Gericht zugelassen. Es ist, als sei er einem Verein beigetreten, in dem Duell und Glücksspiel erlaubt sind. Die auf ihm lastende Verpflichtung besteht darin, sich wie ein Gentleman zu verhalten und die Regeln zu befolgen und nicht zu betrügen. Wenn er sich an die Regeln hält , ist er vermutlich ein Gentleman und kann für seine Kunden tun, was er will.

Bei Beschwerden über die Gerichte liegt die Schuld bei den Anwälten, bei Kritik an den Anwälten liegt die Schuld bei den Gerichten. Sie sind voneinander abhängig und unauflöslich. Wenn ein Vereinsheim seinen Zwecken nicht genügt, altmodisch, marode und schmutzig ist, liegt die Schuld bei den Mitgliedern. Wenn sich die Mitglieder nicht benehmen, gerät das Vereinshaus in einen schlechten Ruf.

Gerichte sind Institutionen und keine Personen; Die Anwälte sind die Einzelaktionäre. Wenn er durch seine Handlungen vor Gericht oder im Verein Schande über sich selbst als Anwalt oder seinen Verein bringt , kann man wenig dagegen tun. Die Clubmitgliedschaft mag begrenzter und ausgewählter sein, aber das Gebäude wird dadurch nicht verbessert, es sei denn, es wird etwas sauberer gefegt.

Der Richter als Präsident des Clubs muss darauf achten, dass die Anwälte die Regeln einhalten, er darf das Clubhaus nicht umbauen oder die Regeln wesentlich ändern. Die einzigen Personen, die eine Änderung herbeiführen können, sind die Anwälte. Als Mitglieder sind sie Vermittler für ihre Kunden, bei denen es sich um die breite Öffentlichkeit handelt. Gelegentlich wird der Öffentlichkeit bewusst, dass sie sowohl über Gerichte als auch über Anwälte Macht haben und dass sie deren Geschöpfe sind; Dann kommt es zu einer Revolution im Verfahren und es wird etwas erreicht.

Der Anwalt wartet im Gerichtsgebäude darauf, dass sein Fall bearbeitet wird. Es kann Tage oder sogar Wochen dauern, bis es als fertig markiert ist. Er verschwendet seine Zeit. Die Zeugen wurden subp [oe] naed . Man muss ihnen sagen, dass sie am nächsten Tag wiederkommen sollen. Für den Anwalt ist wenig Geld drin. Die Arbeit im Büro wird besser bezahlt als die Arbeit vor Gericht, und abgesehen von den angesehenen Anwälten gibt es nur wenig Ehre.

Während des Prozesses scheint sich der Anwalt zu streiten. Er vertritt die Haltung, zu sagen: „Ich möchte, dass diese Rechtsfrage geklärt wird; es ist so eine schöne Frage, sie sollte geklärt werden." Tatsächlich möchte er nur , dass die Sache zu seinen Gunsten geregelt wird. Es ist nicht das abstrakte Interesse, sondern die konkrete Tatsache, die ihn interessiert.

Der Anwalt ist vom Beginn des Prozesses bis zum Ende wachsam. Nachdem der Fall als fertig markiert ist , beobachtet er die Jury, die andere Seite und den Richter; jede Bewegung kann von Bedeutung sein; Wenn es ihm entgeht, verliert er möglicherweise seinen gesamten Fall. Es ist für ihn nicht sicher, davon auszugehen, dass die andere Seite genauso ehrlich ist wie er. Wenn sie versuchen sollten, unzulässige Beweise vorzulegen, ein Papier vorzulegen, das nicht ordnungsgemäß beglaubigt ist, oder durch irgendeinen Trick oder Trick einen unfairen Vorteil zu erlangen versuchen, muss er bereit sein, sich auf den Vorfall zu stürzen. Wenn er schnell ist , kann er es zum Vorteil seiner eigenen Seite nutzen.

Der andere Anwalt unter einem Bündel von Briefen bietet einen an, der nur eine Kopie ist oder nicht unterschrieben ist. Der Anwalt bemerkt es, hält aber still, und wenn er den Richter und die Geschworenen zu gegebener Zeit auf die Tatsache aufmerksam macht, bedeutet dies schlicht, dass die Gegenseite einen sehr schwachen Fall haben muss, wenn sie durch solche Methoden gestärkt werden muss . Das Argument ist, dass er die Arbeit ohne Einspruch zugelassen hat, weil er die Angelegenheit ohnehin für trivial hielt und er wollte, dass die Jury die hinterhältige Vorgehensweise der Gegenseite erkennt.

Die undefinierbare Qualität der persönlichen Anziehungskraft ist von vielgepriesener Bedeutung. Es ist wie dieses schreckliche Wort, Charme; Niemand weiß, was es bedeutet und scheint eine übernatürliche Qualität zu haben. Der Prozessanwalt braucht weder Charme noch Anziehungskraft. Sie sind beide Unsinn . Wie bei Schauspielern oder Kämpfern ergibt sich die persönliche Anziehungskraft der Anwälte auf Richter und Geschworene von selbst, wenn sie in ihren Rollen ausreichend ausgebildet sind oder wissen, wie sie mit ihren Waffen umgehen . Der Richter ist ein ziemlich hartherziger Mensch. Die Jury lässt sich zwar von Gefühlen leiten, aber sie sind ein Beispiel für den Durchschnittsmenschen und keiner von ihnen lässt sich von Lächeln oder Manierismus beeindrucken. Klangqualitäten werden sich durchsetzen.

Ein gutaussehender Prozessanwalt, der sich in seinem Geschäft bestens auskannte, hatte einmal einen schwierigen Fall. Sein Auftreten und sein Auftreten beeindruckten die Jury. Sie folgten jeder seiner Bewegungen. Der Prozess war lang und ermüdend. Es waren die Zeiten dieser kleinen Eisenrätsel, mit denen man zwei Ringe oder Anker auseinanderbekommen musste; gelegentlich holte er eins aus der Tasche und begann damit zu spielen. Die Jury würde ihm mit den Augen folgen, um zu sehen, ob er es schaffen würde. Immer wenn er der Meinung war, dass die Beweise für die Gegenseite zu interessant wurden, kam das kleine eiserne Rätsel zum Vorschein und die Jury schenkte seiner Lösung mehr Aufmerksamkeit als dem Zeugen im Zeugenstand. Er hat seinen Fall gewonnen, aber das ist kein Grund, die Aufführung von „Pigs in Clover" im Gerichtssaal zu empfehlen. Der Grund, warum er den Fall gewann, war, dass er der fähige Mann war und seinen Job machte.

Der Anwaltsberuf ist kein kreativer Beruf, aber der Wert im sozialen Gefüge ist kohärent. Er bringt Investor und Hersteller zusammen, er vereint Kapital und Arbeit auf einer soliden rechtlichen Grundlage. Er passt die Bedingungen an die Gesetze und die Gesetze an die Bedingungen an. Er ist der aufgeschlossenste aller Berufe. Er ist theoretisch die Schicht des Gesetzes. In jeder Gemeinde ist der angesehene Anwalt der angesehene Bürger. Niemand gebietet mehr Respekt. Es besteht jedoch kein Zweifel daran, dass die ineffiziente Rechtspflege zu einem großen Teil auf die Rechtsberufe zurückzuführen ist.

Das feine, freundliche Gesicht des Anwalts, der mit seinen Jahren und seinem Verständnis ein freundliches Lächeln strahlt, ist ein lebendiger Vorwurf für die Kritiker seines Berufsstandes. Sorgfältig, gewissenhaft, aufgeschlossen und intelligent, mit einem Funken Humor für die Schwächen der Menschheit, blickt er mit weiser Toleranz auf die Kleinlichkeit der Menschen. Unter seinem lockeren Auftreten und seiner Herzlichkeit im Umgang verbirgt sich eine Welt der Erfahrung, der geschlagenen und gewonnenen Schlachten, der ihm innewohnenden Charakterstärke, der empfangenen und mit Würde ertragenen öffentlichen Auszeichnungen. Der Bewunderung und Liebe, die ihm zustehen, sind keine Grenzen gesetzt.

Neben dem Anwalt sitzt der Mandant, der ihn mit besorgten Augen beobachtet und der, sofern er nicht im Unrecht ist, lieber möchte, dass der Anwalt die Fakten in dem Fall ans Licht bringt, als dass er seine Qualitäten als Kämpfer unter Beweis stellt .

DER SORGENDE KUNDE

Wie der Geldgeber eines Theaterstücks spielt der Kunde auf der Bühne keine große Rolle. Wenn er als Schauspieler auftritt, hat er vielleicht eine kleine Sprechrolle, aber ein Star ist er nicht. Ihm gehört die Show, und wenn sie sich nicht auszahlt , verliert er, oder wenn er gewinnt, erhält er einen Anteil am Gewinn. Deshalb stellt er die besten Talente ein, die er sich leisten kann. Der Hauptdarsteller ist der Anwalt, aber als Produzent hat der Kunde nicht nur die Wahl, das Thema auszuwählen, sondern das Stück handelt auch von ihm und seinen Problemen. Großes Drama besteht in einem Konflikt der Gefühle. Die Emotionen der beiden gegnerischen Mandanten ergeben ein Gerichtsdrama. Die Schauspielerei und die Inszenierung sind die Kunst des Anwalts.

Die Philologie und Ableitung des Wortes Klient ist bedeutsam. Damit ist nicht der Auftraggeber gemeint, sondern ein Mitläufer. Es leitet sich vom lateinischen Wort *Cluere* und dem griechischen **Wort κλυειν ab** , was „hören" bedeutet; jemand, der zuhört, ein Anhänger.

Ein gewöhnlicher Mensch hat eine Abscheu vor der Verstrickung des Gesetzes. Ein hartnäckiger Geschäftsmann sagt, er würde lieber eine Forderung von 250 Dollar oder weniger bezahlen, obwohl er den Kläger nie gesehen hatte und die Klage völlig unbegründet war, als vor Gericht zu gehen. Er würde lieber den gleichen Betrag verlieren, als eine Klage anzustrengen, die den Aufwand und die Kosten für die Beauftragung eines Anwalts mit sich bringt, von Zeugen verlangt, ihre Zeit zu verschwenden, und seine eigene Zeit damit verschwendet, auf einen Prozess zu warten, der möglicherweise zu einem Urteil gegen ihn in vollkommener Vollendung führen könnte einfach Schulden, entweder durch einen Justizirrtum oder durch die Möglichkeit, das Urteil nicht einzuziehen. Das typische Gefühl ist das des Börsenmaklers, der sagte: „Nur Erpressungsklagen gehen vor Gericht, denn wenn vernünftige Männer einen Streit haben , wissen sie, dass es einfacher und billiger ist, ihn außerhalb zu schlichten."

Der Kunde befindet sich in einem abgedunkelten Raum. Er sieht nur teilweise, was vor sich geht. Wenn der gesamte Fall wegen einer Rechtsfrage oder einer Formsache außergerichtlich verworfen wird , ist er dem Richter gegenüber mehr als verärgert; er ist rachsüchtig; Er wird jeden Cent, den er auf der Welt hat, dafür ausgeben, den Richter zu appellieren und ihm zu zeigen, wie falsch er liegt. Erstens ist es eine Schande.

„Warum", sagt er, „der Richter hat uns einfach aus dem Gericht geworfen. Wir hatten keine Chance; der Richter muss mit der anderen Seite befreundet gewesen sein. Nennen Sie das Gerechtigkeit? Ich würde diesen Richter gerne haben." draußen und rede von Mann zu Mann mit ihm. Niemand kann vor Gericht einen fairen Deal bekommen.

Das Gefühl des Mandanten gegenüber den Gerichten und dem Anwalt ist von Misstrauen, gepaart mit Respekt, geprägt. Er wird sagen:

„Ich würde mich lieber auf das Wort eines Freundes als Gentleman verlassen, dass er etwas tun würde, als es in Form eines vierzigseitigen Vertrags vom besten Anwalt des Landes niederschreiben zu lassen. Ich könnte mich auf das Wort eines Gentlemans verlassen, aber." Wenn irgendeine Frage zu diesem Vertrag vor Gericht käme, würde ein kluger Anwalt ein Schlupfloch finden, um daraus herauszukommen." Tatsache ist jedoch, dass die Welt rechtliche Dokumente benötigt. Eine interessante Spekulation wäre es, darüber nachzudenken, welcher Anteil der weltweiten Geschäftsangelegenheiten auf einer Grundlage abgewickelt wird, die beweisbar ist oder vor Gericht durchsetzbar ist. Der Anteil der auf sogenanntem Rechtsweg abgewickelten Geschäfte ist unwesentlich gering.

Die unzähligen Transaktionen der Einzelhandelsgeschäfte in einer großen Stadt; Der Nachweis, dass ein Paar Handschuhe verkauft, geliefert und nicht bezahlt wurde, ist in solchen Fällen äußerst schwierig zu beweisen. Die Kosten und Mühen, die mit der Unterweisung der verschiedenen Abteilungen und der Unterbrechung des Geschäftsalltags verbunden sind, würden verhindern, dass die Geschäfte Kunden werden . Die enormen Transaktionen an der New Yorker Börse, wo Geschäfte im Wert von hundert Millionen Dollar angeblich an einem Tag abgewickelt werden, basieren ausschließlich auf persönlicher Ehrlichkeit. Sollte eine Partei eines Aktienverkaufs nicht zum Abschluss bereit sein, bestünde nach Ansicht des Gerichts kaum eine Durchsetzungsmöglichkeit. Daher legt die Börse ihre eigenen Regeln fest und verfügt über eine eigene Methode zur Beilegung von Streitigkeiten. Die Welt als Ganzes ist kein Klient vor Gericht. Eine Ausnahme bildet der Mann, der Mandant im Sinne eines Prozessbeteiligten wird. Die Gerichte scheinen keinen Bezug zu den Anforderungen tatsächlicher Geschäftsangelegenheiten zu haben.

Die Zeiten haben sich seit den viktorianischen Tagen geändert, als ein Anwalt der respektvolle Diener des Mandanten, der Verwalter und Verwalter der Rechtsangelegenheiten des Landherren war. Dann hatte der Anwalt einen Beruf, den er im Kopf trug. Gesetzesberichte enthielten ein paar Tausend, nicht eine Million Entscheidungen, und es gab keine Eigentumsversicherungsgesellschaften, die es sich zur Aufgabe gemacht hätten, das Eigentum an Immobilien zu bestimmen. Doch damals war der Rechtsberater keine sehr erhabene Person, die unter dem Soldaten stand und mit dem Hut in der Hand vor dem Gutsherrn stand, dem er seinen Lebensunterhalt verdankte. Der Bürger, der erfahren wollte, ob er oder sein

Vermieter den Schnee auf dem Gehweg räumen solle, ging ernst zu einer Anwaltskanzlei und zahlte eine Gebühr für die Auskunft. Es liegt auf der Hand, dass Anwälte ihren Lebensunterhalt nicht mit geringen Beratungshonoraren bestreiten. Tatsächlich bestreiten diejenigen, deren Arbeit einträglicher ist als die eines Straßenbahnschaffners oder Zimmermanns, ihren Lebensunterhalt durch Geschäfte und nicht durch kleine Rechtsstreitigkeiten.

Heutzutage beklagen Anwälte, dass ihnen ihr Beruf entgleitet. Aber sie haben das Ansehen der Wirtschaft erlangt.

„Ich bin ein Geschäftsmann, kein Anwalt", sagt der ältere Chef an der Bar und weiß kaum, ob er im Großen und Ganzen zufrieden oder bedauert ist.

Ihre Fähigkeiten werden genutzt, um die Geschäftsabwicklung aus rechtlicher Sicht zu steuern und sie vor denen zu schützen, die bereit sind, sie auszunutzen. Unternehmen brauchen Schutz vor anderen Unternehmen, vor Unfallfällen und Verleumdungsfällen . Diese geraten häufig vor Gericht. Bürger brauchen Schutz vor der Wirtschaft und suchen ihn in der aggressiven Form von Schadensersatzklagen. Große Unternehmen betrachten die Gerichte als Erpressungsinstrumente, und der Kleinbürger hat das Gefühl, dass die Gerichte nicht ausreichen, um seine Rechte zu schützen. Es macht einen großen Unterschied, auf welcher Seite sie stehen. Aber auf jeden Fall ist der heutige erfolgreiche Anwalt in erster Linie ein Geschäftsmann.

Eine Kapitalgesellschaft ist eine juristische Person; ein Anwalt ist seine Mutter und Amme. Die Aktionäre haben das merkwürdige Verhältnis, Partner zu sein, die nicht für ihre Schulden haften – wenn ihre rechtlichen Angelegenheiten ordnungsgemäß gehandhabt werden. Deshalb beschäftigt das Unternehmen einen Anwalt mit einem Jahresgehalt , der ihnen Beratung und Rechtsschutz bietet. Namhafte Anwälte werden als Partner der großen Bankhäuser engagiert. Die großen Industrieunternehmen verfügen über die teuersten Anwälte, die sich ausschließlich um ihre Angelegenheiten kümmern. Unfallversicherungsgesellschaften verfügen über riesige juristische Anlagen, die ebenso effizient organisiert sind wie Fabriken zur Bearbeitung von Schadensersatzklagen und gegen die sich der unerfahrene Anwalt des einzelnen Bürgers stellt.

Darüber hinaus ist die Körperschaft, obwohl sie in Wirklichkeit aus Einzelpersonen besteht, weniger persönlich als jedes ihrer Mitglieder. Es ist ein Klient ohne ausgeprägte Emotionen, ohne allzu ablenkende Hoffnungen, Ängste oder Verdächtigungen. Jura ist eine anspruchsvolle Wissenschaft, mühsam und komplex. Um sein Bestes zu geben, sollte der Anwalt ruhig arbeiten und sich so wenig wie möglich von den auf dem Spiel stehenden menschlichen Interessen stören lassen. Wenn also der Anwalt recht hat, wenn er den seelenlosen Firmenkunden bevorzugt, dann muss es sein, dass der gewöhnliche Mensch entweder zu arm oder zu menschlich ist. Natürlich sind die Konzerne nicht nur die zufriedenstellendsten, sondern auch die begehrtesten Kunden.

Obwohl der Klient der Urheber des Dramas ist, ist er in Wirklichkeit nur ein Zuhörer. Der Mandant vor Gericht hat so wenig zu sagen und die Anwälte so viel, dass es unerklärlich erscheint. Der Grund dafür ist, dass die Anwälte die Kämpfer, die Champions, die Ritter im Turnier sind. Ein Rechtsstreit kommt nur deshalb zustande, weil die Anwälte erfahrene Kämpfer sind. Der Kunde, der sie beauftragt hat, hat nichts weiter zu tun, als zuzuschauen. Als die Männer zum ersten Mal Jura antraten , gab es keine Verfechter; Sie kämpften und nahmen, was sie konnten, aber mit fortschreitender Zivilisation wurden die Männer zu beschäftigt, um sich an legalen oder tatsächlichen Schlachten zu beteiligen, und es wuchs eine spezielle Klasse von Kämpfern heran. Die Anwälte sind die angeheuerten Söldner der kommerziellen Struktur; und die Kunden sind normale Geschäftsleute. Zwar sind einige der Anwälte Freiberufler, aber die meisten haben die Ansichten und Standards ihres Standes. Zwischen Mandant und Anwalt besteht ein natürlicher Klassengegensatz. Der Mandant hat Angst und misstraut dem Anwalt; und der Anwalt hat das Gefühl, dass er für einen unintelligenten Mandanten handeln muss, der unwissend und unfachmännisch ist. Solange die Gerichte an ihrem derzeitigen Plan festhalten, wird der Unterschied zwischen Mandant und Anwalt deutlich bleiben.

Ein Beispiel für eine Rückkehr zum Formalismus und eine reaktionäre Entwicklung war die Änderung des sogenannten Poor Man's Court of New York City. Ursprünglich war es als Gericht geplant, bei dem der Mandant oder ein in der Rechtswissenschaft ungebildeter Mann auf einfache Weise klagen konnte. Es handelte sich um einfache Gerichtshöfe. Die Grenze, auf die er klagen konnte, betrug 100 $, dann 250 $, dann 500 $ und jetzt 1000 $. Früher mussten die Richter keine Anwälte sein. Ein Prozess war eine informelle Angelegenheit. Der Richter würde beide Parteien an der Reling aufstellen. Eine Seite würde ihre Geschichte erzählen, die andere Seite würde unterbrechen und endlich die Chance bekommen, ihre Geschichte zu erzählen. Der Richter würde ihnen im übertragenen Sinne den Kopf klopfen, den Fall entscheiden und ihnen sagen, sie sollen nach Hause gehen und brav sein.

Der New Yorker Gesetzgeber hat kürzlich ein Gesetz verabschiedet, das das Gericht zu einem eingetragenen Gericht macht und alle Bestimmungen der Zivilprozessordnung anwendbar macht. Der Code mit seiner halben Million Wörtern ist also Teil des Verfahrens. Damit sich der Mandant nun, bevor er ohne Anwalt vor Gericht geht, mit dem Kodex vertraut machen sollte. Früher waren diese Gerichte möglicherweise nicht würdevoll. Es brach ein Chaos aus und die Prozessparteien begannen, sich gegenseitig anzuschreien und zu beschimpfen. Oft war der Richter gezwungen, eine etwas willkürliche und väterliche Regel anzuwenden. Jetzt sind die Gerichte würdevoller und formeller, aber die Mandanten verschwinden aus dem Blickfeld. Tatsächlich haben sie Angst, ohne Anwalt vor Gericht zu erscheinen.

Während die Würde und Effizienz des Gerichts gestärkt wurde, ist es fast kein Gericht mehr für den armen Mann; Tatsächlich ist das Verfahren so technisch, dass es zwar möglich, aber eher ungewöhnlich ist, dass ein Mann ohne Anwalt kommt. Natürlich sind die Anwälte, die ihren Lebensunterhalt damit verdienen, in kleinen Prozessen aufzutreten, bei denen das Honorar oft ein abhängiger Teil des geringen eingetriebenen Betrags oder eine feste Gebühr von 5 US-Dollar oder weniger für die Verhandlung eines Falles ist, keine Beispiele für die beste juristische Kompetenz .

Der Standpunkt des Mandanten ist, dass er nicht bereit ist, das Geld auszugeben, um einen Anwalt für die Verteidigung zu engagieren. Ein Prozessbeteiligter erklärte vor Gericht, als er gefragt wurde, ob er die Schulden nicht eingestanden habe: „Nun", sagte er, „ich bin einfach zum Kläger gegangen, um herauszufinden, ob ich nicht ein paar Dollar sparen könnte, anstatt einen Anwalt zu engagieren." Es ist eine offene Frage, welche Marke für den Kunden am besten geeignet ist: die grobe Gerechtigkeit oder die formelle und ordentliche Art.

Während die Geschworenen vernommen werden und die Verhandlung eröffnet wird, sitzt der Mandant ruhig, aber ein wenig verunsichert, am Tisch der Anwälte. Im Gespräch geht es um ihn und häufig wird auf ihn und seine Arbeit Bezug genommen. Er versucht so zu wirken, als wäre ihm die Umgebung egal und er wäre an die Umgebung gewöhnt, und als die Zeugenaussage und die Auseinandersetzungen über Einwände und Anträge beginnen, tritt er still in den Hintergrund.

Wenn es sich um eine kriminelle Handlung handelt, ist er während des Volksverfahrens nicht im Zeugenstand. Wenn seine Seite dargelegt wird , tut sein Anwalt sein Bestes, um ihn vom Zeugenstand fernzuhalten, egal ob er unschuldig oder schuldig ist. Der bekannte Ausdruck ist, dass der Angeklagte sich erhängt, indem er Zeuge wird. In Zivilprozessen kann der Mandant ein Unternehmen oder der Besitzer des verletzten Autos oder Wagens sein, aber kein Zeuge des Unfalls. Er sitzt schweigend neben seinem Anwalt, wenn er klug ist, und erkennt, dass sein Anwalt besser kämpfen kann, ohne sich zu ärgern. Wenn er nervös ist, zupft er ständig an seinem Ärmel und flüstert Ratschläge. Es fällt ihm schwer, sich zurückzuhalten. Es gab Monate der Vorbereitung. Das Drama wird produziert; Für ihn ist es lebenswichtig. Er weiß mehr über den Fall als der Anwalt. Er möchte beraten, vorschlagen und unterweisen. Warum stellt der Anwalt dem Zeugen nicht die Frage, was er Smith oder seiner Frau erzählt hat?

Der Mandant wäre vielleicht überrascht, wenn er wüsste, was der Anwalt über ihn denkt. Auf Nachfrage befeuchtete der Anwalt seine Lippen, holte tief Luft und hielt dann inne, allerdings nicht aus Mangel an Gedanken. Der beste Mandant vor Gericht ist für den Anwalt der stille Mandant. Eine der größten Katastrophen aus Sicht des Anwalts ist es, wenn der Mandant im Zeugenstand steht und beginnt, mit dem Richter vertraulich zu sprechen und ihm genau zu sagen, was er von der ganzen Angelegenheit hält.

„Warum", sagte ein Anwalt, „ich hatte einen perfekten Fall und dann stellte der Richter eine Frage und vermasselte die ganze Sache. Ich finde es ungeheuerlich, der Richter hatte kein Recht, sich einzumischen."

Die Gefühle des Anwalts gegenüber seinem Mandanten sind in dem Wunsch enthalten, dass er nicht da wäre. Der rechtliche Aspekt des Falles, der eigentliche Streitpunkt, ist wahrscheinlich etwas ganz anderes als das, was der Mandant im Sinn hat. Der Anwalt hat das ungute Gefühl, dass er in den Augen des Mandanten dem Fall nicht gerecht werden wird.

„Wie empörend", findet der Angeklagte, „dass ich verklagt werde, obwohl ich jahrelang zu großzügig gewesen bin. Und die Jury sollte genau wissen, was diese Leute sind, die gesagt haben, sie würden die Klage abblasen, wenn ich das tun würde." zahl ihnen hundert Dollar. Dem Anwalt sind diese Ansichten bekannt, da sie ihm bereits mehrfach mitgeteilt wurden; Er weiß auch, dass er den Fall nicht auf diese Weise verhandeln kann.

Das Gegeneinander von Emotionen und Gefühlen zwischen Anwalt und Mandant, Richter und Geschworenen, die ständig wechselnden Unterströmungen machen das Drama des Gerichts aus. Die Charaktere werden festgelegt, das Thema ausgewählt, die Schauspieler ausgewählt und es bleibt nur noch die Vorbereitung des Stücks.

Programme und Schriftsätze

Plädoyers sind die Programme der Aufführung. Sie werden vorher ausgedruckt und jeder bekommt ein Exemplar. Die Vorbereitung besteht aus der Probe und den handwerklichen Vorbereitungen für die Inszenierung. Jeder Anwalt weiß, wie wichtig die Schriftsätze sind, aber kein anderer weiß es. Der Richter schenkt ihnen nicht mehr Aufmerksamkeit als nötig. Geschworene sehen sie kaum; wenn sie es täten, könnten sie sie nicht verstehen. Die Zeugen hören nie davon, die Mandanten haben geschworen, sie gelesen zu haben und haben geschworen, dass sie wahr sind. Dennoch konnte keiner von tausend Mandanten eine andere Erklärung dafür abgeben als: „Mein Anwalt hat mir gesagt, ich solle es unterschreiben, also habe ich es getan."

Wenn es jemandem darum geht, einen Schriftsatz zu verstehen, gibt es so viele Bände zu diesem Thema und so viele Bücherregale mit Entscheidungen, dass man damit ein ganzes Haus einrichten könnte. Das alles mag oberflächlich erscheinen, aber das Thema ist für einen Geschäftsmann so absurd, abstrus und anormal, dass es fast unmöglich ist, es verständlich zu machen. Eine unvollständige Liste von Autoritäten zu diesem Thema klingt wie ein Kapitel aus *Alice im Wunderland* : Pepper on Pleading; Perry beim Plädoyer; Pollock beim Plädoyer; Pfund auf Plädoyer; Puterbaugh über das Plädoyer; Phillips über Plädoyer; Pomeroy über Plädoyer. Die Zahl der Gerichtsentscheidungen, in denen dieser Verfahrenszweig ehrfurchtsvoll und ernsthaft behandelt wurde, liest sich wie eine metaphysische Diskussion im dunklen Zeitalter. Die früher verwendeten Namen waren hervorragend. Beschwerde, Einspruch, Geständnis und Vermeidung, Querverweis, Wiederholung, aufschiebende Bitte, zwingende Bitte, Gegenerwiderung, Widerlegung und Sur-Zuwiderhandlung.

Andererseits ist die klare, prägnante technische Darlegung eines Falles nicht zum Lachen; Ohne sie ist kein klares Denken möglich . Man kann weder verstehen, worum es in dem Drama geht, noch, worum es in der Schlacht geht. Gute Anwälte sind gute Denker und meist Klartextredner. Die heutige Revolte gegen die verworrenen Schriftsätze könnte ins entgegengesetzte Extrem gehen und sie alle abschaffen, so dass der Fall als formlos und locker dargestellt wird. Die heikle Frage nach der richtigen Form eines Schriftsatzes kann die Gerechtigkeit verzögern, bis sie durch Berufung vom Stadtgericht an den Obersten Gerichtshof, dann an die Berufungsabteilung und dann an das Berufungsgericht entschieden wird. In der Zwischenzeit könnten die Klienten sterben, das Klagegeld könnte verloren sein, während das Publikum lediglich darauf wartet, dass die Programme gedruckt werden.

In „Perry on *Common Law Pleading*", 1897 nachgedruckt, ist Kapitel 13 den Regeln gewidmet, die Unklarheiten und Verwirrung beim Plädoyer verhindern sollen.

REGEL ICH. Schriftsätze dürfen nicht unempfindlich oder abstoßend sein.

REGEL II. Die Schriftsätze dürfen nicht mehrdeutig oder zweifelhaft sein.

REGEL III. Schriftsätze dürfen nicht argumentativ sein.

REGEL IV. Die Schriftsätze dürfen nicht hypothetisch oder hilfsweise sein.

REGEL V. Die Stellungnahmen dürfen nicht als Erwägungsgrund erfolgen, sondern müssen positiv sein.

REGEL VI. Die Sachen sind entsprechend ihrer Rechtswirkung zu vertreten.

REGEL VII. Schriftsätze sollten die bekannten Ausdrucksformen beachten, die in anerkannten Präzedenzfällen enthalten sind.

REGEL VIII. Schriftsätze sollten über ordnungsgemäße formelle Anfänge und Schlussfolgerungen verfügen.

REGEL IX. Ein teilweise schlechtes Plädoyer ist insgesamt schlecht.

Dies sind für einen Laien leicht verständliche Regeln, und wann immer er einen freien Tag oder einen Feiertag hat, sollte er sie studieren.

„Schockierend", schreit der altmodische reaktionäre Anwalt, „Was! Wenn man die Schriftsätze abschafft, könnte man genauso gut den ganzen Fall abschaffen. Schriftsätze sind wie die Schienen eines Zuges. Niemand im Zug sieht sie, aber nimm sie." weg von den Schienen und der Zug würde nicht sehr weit kommen. Schriftsätze sind die Grundlage des Prozesses."

Er wird immer empörter.

„Das Problem mit den modernen Gerichten ist, dass sie nicht wissen, worum es geht. Wenn diese Lockerung der Schriftsatzformen nicht stattgefunden hätte, wären die Anwälte besser vorbereitet, wenn sie vor Gericht kämen, und es gäbe dieses Hin und Her nicht . Die guten alten Common-Law-Schriftsätze waren das Richtige. Es war ein großer Fehler, als sie aufgegeben wurden. Dann wusste jeder, wo sie waren. Wenn es einen Fehler im Schriftsatz gab, wurde der gesamte Fall außergerichtlich verwiesen.

Das war's sollte sein. Männer mussten damals gute und sorgfältige Anwälte sein. Die schlampigen Methoden der heutigen Zeit sind abscheulich.

„Sie scheinen ein bisschen hart zu sein", sagt der moderne Anwalt. „Gerechtigkeit sollte nicht von Formen abhängen."

„Ohne den Streit zu formalisieren und zu gestalten, kann es nie Gerechtigkeit geben", sagt der Anwalt.

„Ganz wahr", sagt der Moderne, „aber der Form der Gerechtigkeit wurde zu viel Aufmerksamkeit geschenkt. Schriftsätze sind bloße Mechaniken wie das Drucken des Programms oder das Legen der Schiene."

Dies alles ist jedoch eine Frage, die im Gerichtssaal bei einer Verhandlung nicht zur Sprache kommt. Ein- oder zweimal wird auf die Schriftsätze Bezug genommen. Vielleicht gibt es einen solchen Streit. Der Angeklagte versucht zu schwören, dass er „die Ware sofort bezahlt" habe. Der andere Anwalt springt auf und sagt: „Ich widerspreche, Euer Ehren. In seiner Antwort plädiert er nicht für eine Zahlung. Er plädiert lediglich für eine generelle Ablehnung." Der Richter setzt seine Brille auf. Die Anwälte versammeln sich, die Geschäfte werden eingestellt, während sich alle die Schriftsätze ansehen.

Oder wiederum versucht der Kläger nachzuweisen, dass er sich beim Werfen aus dem Wagen eine Prellung am rechten Ellbogen zugezogen hat. Der Anwalt wendet ein, dass in der Anklageschrift nichts über Verletzungen seines rechten Ellbogens steht und er dies daher nicht beweisen kann . In der Personalakte steht, dass er sich die Hand verletzt, sich den Unterarm gekratzt und die rechte Schulter verletzt hat, sagt aber nichts über den Ellbogen. Es folgt eine ernsthafte Beratung durch die gelehrten Anwälte und den Richter. Der Anwalt des Angeklagten hat recht, zum Ellenbogen steht in den Schriftsätzen nichts.

Der Fall kann nicht fortgesetzt werden, bis diese wichtige Frage geklärt ist. Es gibt Streit auf beiden Seiten. Der Kunde sieht besorgt aus. Die Geschworenen sitzen da und fragen sich, was dieser Ausdruck „die Verzögerung des Gesetzes" bedeuten könnte. Schließlich kommt dem Anwalt eine zündende Idee.

„Ich beantrage eine Änderung, Euer Ehren, um den Ellenbogen einzubeziehen." Die andere Seite sieht schockiert und angewidert aus. „Was, versuchen Sie, auf so beiläufige Weise etwas zu ändern. Das Plädoyer ist eine ernste Sache. Es wurde geschworen, dass Sie eine eidesstattliche Erklärung nicht auf diese spontane Weise ändern dürfen." Der Richter sagt, dass er der Änderung zustimmen werde, aber wenn die Gegenseite überrascht sei , werde er eine Vertagung des Prozesses auf einen anderen Tag gewähren. Die andere Seite sagt: „Entschuldigen Sie einen Moment, bis ich mich mit meinem Kunden beraten habe." Der Richter lächelt. Der Anwalt geht zu seinem Mandanten und der Mandant sagt: „Um Himmels willen, vertagen Sie sich nicht. Ich habe mein Geschäft für eine Woche aufgegeben, um hierher zu kommen; was soll dieser ganze Wirbel um Schriftsätze; lasst uns mit dem Fall weitermachen." ." Der Anwalt kehrt in die Anwaltskammer zurück. „Wir haben beschlossen, weiterzumachen."

„Änderung zulässig", sagt der Richter. Der Zeuge berichtet nun von einer Verletzung am Ellenbogen.

Die Vorbereitung eines Falls läuft hinter den Kulissen und bevor das Drama beginnt. Die Probenversuche erfolgen Stück für Stück. Zuerst wird ein Zeuge gesehen, dann ein anderer, ihre Geschichten werden erzählt, ihre Aussagen werden aufgenommen und sie werden in ihre Rollen eingeübt. Ihnen wird mitgeteilt, welche Tatsachen sie aussagen müssen. In einem großen Unternehmen, in dem es zahlreiche Schadensersatzklagen gibt, soll es eine Schule für Zeugen geben, in der es Generalproben gibt und ihnen beigebracht wird, wie sie sich vor Gericht zu verhalten haben.

Die größte Farce, die sich im Gerichtssaal abspielt, ist der Teil der Vorbereitung, der erforderlich ist, um einen Fall zur Verhandlung zu bringen. Da die Zeit für die Befragung von Zeugen, die Anhörung von Argumenten und die Anhörung von Einwänden unbegrenzt ist, sei es unmöglich, vorherzusagen, wie lange ein Fall dauern werde. Nachdem der Kalender aufgerufen wurde, werden die folgenden Fälle von Büroangestellten beantwortet, ohne zu erwarten, dass sie sofort erreicht werden.

Der ernste und ehrwürdige Richter schaut über seinen Schreibtisch und nennt den Fall Bowring *vs.* Bowring. „Bereit für den Kläger", antwortet ein rotwangiger Junge. „Bereit für den Angeklagten", antwortet ein anderer. Sie sehen ziemlich jung aus, um einen Fall zu verhandeln. Es ist als „bereit" markiert, und die Büroangestellten sitzen im Gerichtssaal herum und rufen die Anwälte an, wenn sie glauben, dass die Chance besteht, fast erreicht zu werden. Dies dauert oft mehrere Tage. In der Zwischenzeit haben sich die dem Fall Bowring vorausgehenden Verfahren auf der Gerichtsbühne langsam und ermüdend hingezogen. Sachverhalte, deren Klärung mit dem derzeit üblichen mühsamen Beweissystem fünf Minuten hätte dauern sollen, haben zwei Stunden in Anspruch genommen. Die Argumente der Anwälte zu schwierigen Rechtsfragen haben die Geschworenen und die Mandanten erschöpft und verwirrt, die erschöpft und ungeduldig geworden sind.

Möglicherweise saßen die Klienten und Zeugen da und versuchten zu verstehen, was sie immer mehr verwirrten.

Die Vorgehensweise einer offenen Justiz sollte klar, schnell und verständlich sein; Stattdessen wirkt sie für den Betrachter wie eine geheimnisvolle Jade ohne Verständnis für den Alltag. Sie lässt sie dort ohne Grund warten. Wenn der Fall als „bereit" markiert ist, sollte er bereit sein. Der Geschäftsmann hat das Gefühl, dass Justice ihre Termine äußerst verspätet einhält.

Seine natürliche Ehrfurcht vor der abstrakten Gerechtigkeit hindert ihn daran, diese Gedanken zu formulieren, aber er wundert sich weiterhin. Da er die Ursache nicht versteht , wird er unzufrieden und seine Erfahrung vor Gericht hinterlässt eine tiefe Verachtung für das System der Rechtsprechung. Er glaubt, dass jemand, der sein eigenes Geschäft nach der Methode und den Plänen führen würde, nach denen die Gerichte geführt werden, bald bankrott wäre.

„Warum", sagt er, „holt sich das Gericht nicht einen Effizienzsachverständigen zu diesem Kalender und lässt es betriebswirtschaftlich regeln?"

Während der Tage, an denen der Fall auf dem Kalender stand, musste sich der Anwalt darauf vorbereiten, den Fall zu verhandeln. Der Verwaltungsangestellte hat seine Zeugen rufen lassen. Ihnen wurden subp [oe] nas zugestellt und sie zahlten ihre Gebühren, um an dem Tag vor Gericht zu erscheinen, an dem der Fall zum ersten Mal als bereit erklärt wurde. Sie kommen an und werden aufgefordert, am nächsten Tag wiederzukommen. Sie haben auch Respekt vor dem Gericht und kommen gerne, um ihre Pflicht zu erfüllen und die Wahrheit zu sagen. Die Wahrheit ist mächtig und wird siegen; Aber vor Gericht kann sie nur durch Zeugen sprechen. Wenn man die Zeugin nicht mit Rücksichtnahme behandelt, scheint sie nicht sehr bereitwillig zu sprechen.

Anstatt sie immer wieder zurückkommen zu lassen, wird bald ein System entwickelt werden, das ihnen rechtzeitig mitteilt, wann der Fall anhängig ist. Die Geduld der Männer, die die Stützen und Stützen der Wahrheit sind, zu erschöpfen, erscheint nicht vernünftig, und nach ein paar Besuchen vor Gericht haben sie keine Lust, wiederzukommen. Wenn möglich, werden sie dem Prozessserver entkommen.

Ein Mann, der Zeuge eines Unfalls mit einer Frau in einer Straßenbahn geworden ist, rennt trotz seines humanitären Instinkts um die Ecke, aus Angst, als Zeuge aufgerufen zu werden. Der Mann, der nachts den Ruf „Polizei! Polizei!" hört. auf der Straße, springt aus dem Bett und beginnt sich anzuziehen, überlegt es sich aber aus dem gleichen Grund anders. Wenn sich ein Mann in einem Taxi befindet, das von einem Expresswaggon angefahren wird, und die daraus resultierende Klage von der Taxigesellschaft auf Schadensersatz in Höhe von 110 US-Dollar erhoben wird, muss er unter Umständen fünf Tage lang als Zeuge vor Gericht erscheinen und der Fall darf nicht geladen werden. Er muss den Staat verlassen, um nicht vom Subp

[oe] na- Server verärgert zu werden, der ihn in seinem Club und bei ihm zu Hause verfolgt. Die Zeugen haben ihre Zeit und ihre Geduld verloren.

manchmal kommt es zu einem kleinen Spiel mit Verzögerungen und Vertagungen . Angenommen, es liegt eine berechtigte Forderung vor, die der Beklagte dennoch bestreitet, obwohl er weiß, wie langwierig und ermüdend das Spiel ist, einen Fall zu erreichen, und es ihm oft jahrelang gelingt, die Beitreibung zu verhindern. Das Spiel besteht einfach darin, die Gegner, Kunden und Zeugen zu ermüden. Ein kluger und skrupelloser Anwalt kann einem Kläger so viele Hindernisse in den Weg legen, dass er, sofern er nicht über eine stark ausgeprägte Eigensinnigkeit verfügt , angewidert aufgibt oder bereit ist, Kompromisse einzugehen.

Sofern nicht beide Seiten darauf bedacht sind, erreicht zu werden, ist es praktisch sicher, dass ein Verfahren zwei- oder dreimal vertagt wird. Eine eidesstattliche Erklärung wird zusammen mit dem ärztlichen Attest vorgelegt, dass der Mandant oder Zeuge krank ist, oder der eidesstattlichen Erklärung, dass ein Zeuge nicht gefunden werden kann oder dass der Anwalt mit der Verhandlung eines anderen Falles beschäftigt ist. Die Entschuldigung mag gültig sein und die Gründe mögen stichhaltig sein, aber die Vertagung des Verhandlungstages kommt immer wieder vor. Dies ist einer der Gründe für die Klage wegen der Verzögerung des Gesetzes. Natürlich müssen Kalender erstellt und aufgerufen werden. Um Fälle zu prüfen und andere zu erreichen, muss zumindest eine ausreichende und intelligente Planung des Auftrags erfolgen.

Es scheint eher eine schwache Antwort zu sein, zu sagen, dass niemand sagen kann, wie viel Zeit die Verhandlung eines Falles in Anspruch nehmen wird. Wenn eine systematische oder wissenschaftliche Methode zur Regulierung des Kalenders entwickelt würde, könnte eines der Übel vermieden werden.

Bei manchen Gerichten beansprucht allein schon der Terminkalender die Zeit des Richters, der sich genauso gut mit der eigentlichen Arbeit des Gerichts befassen könnte, in unangemessenem Maße. Der Gesamtwert der Zeit des Richters, der Anwälte, der Zeugen und der Geschworenen, die alle auf den Anruf des Kalenders gewartet haben, ist für eine Stunde Verspätung eine große Summe. Die Verschwendung könnte durch ein intelligentes Büro für die Verwaltung der Gerichtsgeschäfte eingespart werden, das die absolute Kontrolle über die gesamte Kalenderpraxis hätte.

Dass der Richter durch seine verspätete Eröffnung des Gerichts einen ganzen Gerichtssaal voller Menschen aufhalten sollte, sollte nicht nur eine Frage der Entschuldigung sein, sondern ist insofern verwerflich, als er mit der Anzahl der Menschen multipliziert wird, die er warten lässt. Andererseits lässt der übliche Verfahrensablauf, der offensichtlich darauf abzielt, die

Angelegenheit des Gerichts in die Länge zu ziehen, die Verspätung des Richters nur als einen Zwischenfall erscheinen.

Glücklicherweise gibt es nur wenige Anwälte, die vor Gericht erscheinen, nur um dem Mandanten einen weiteren Posten auf ihrer Rechnung hinzuzufügen, und die tatsächliche Verzögerung bei der Verhandlung eines Falles ist eher auf die Verwirrung der Verwaltungsmethoden zurückzuführen; Bis ein praktischeres System entwickelt wird, wird es so weitergehen. Dann werden Zeugen und Mandanten nicht davor zurückschrecken, vor Gericht zu gehen.

Die mühsame Arbeit ist beendet, alle ermüdenden Fakten sind gesammelt und die Proben sind abgeschlossen. Das Stück ist geschrieben, die Rollen sind besetzt. Die Enttäuschungen und Verzögerungen sind vergessen, die Monate der Vorbereitung sind vergangen. Endlich läutet die Glocke zur Aufführung und der Fall steht endlich vor der Verhandlung .

AUSWAHL DER JURY

Der Sachbearbeiter ruft den Fall erneut zur Verhandlung auf, diesmal nicht, um zu fragen, ob beide Seiten bereit sind, sondern um anzukündigen, dass der Prozess bald beginnen wird. Die Anwälte, ihre Assistenten auf beiden Seiten und ihre Mandanten rücken innerhalb der Schiene vor. Es herrscht eine gewisse Aufregung, während sie ihre Papiere, ihre Portfolios, Gesetzesbücher, Hüte und Mäntel ordnen und am Tisch der Berater gegenüber der Geschworenenloge Platz nehmen. In den würdevollen Höfen dieses Landes ist diese eher unbequeme Anordnung von Mänteln und Hüten in einem Nebenraum angeordnet. Die gegnerischen Parteien in dem auszutragenden Kampf stehen sich nun gegenüber. Die Dinge werden gleichzeitig ernster und formeller. Was einst vermeidbar war, ist jetzt unvermeidlich.

Die Bühne muss noch in gewissem Maße bereitet werden. Zwölf wichtige Akteure sollen ausgewählt werden. Die Jury steht noch nicht fest. Zum Vergleich übernimmt die Jury die Rolle eines griechischen Chors, allerdings eines stillen, bis das letzte Wort gesprochen wird. Dennoch sind sie ein ebenso wichtiger und wesentlicher Teil des Dramas wie der Chor, ohne den im Hintergrund keine Tragödie oder Komödie vollständig wäre.

Kein Vorhang teilt das Theater und die Gestaltung der Bühne vollzieht sich vor den Augen der Zuschauer. Die Wahl der Jury ist ein interessanter Teil der Aufführung. In diesem Vorspiel werden die Anwälte, die wichtige Rollen spielen, ihr Verhalten, ihr Verhalten, ihr Tonfall, ihre Höflichkeit oder Unhöflichkeit, Ruhe oder Nervosität von den Geschworenen beobachtet und unbewusst zur Kenntnis genommen. Während sich die Jury nach und nach füllt, kann selbst die kleinste Eigenart einen Einfluss auf den Ausgang des Falles haben.

Prozessanwälte achten bereits vor der Verhandlung auf ihr Handeln. Es kann sein, dass unter den Zuschauern, die neben den Anwälten im hinteren Teil des Raums saßen und darauf warteten, dass der Fall aufgerufen wird, auch diejenigen sind, die später als Geschworene berufen werden könnten. Jede Art von Benehmen oder Aufgeblasenheit wird schnell erkannt.

Erfahrene Anwälte erkennen sofort nach Beobachtung durch ihr Gericht die Rollen, die sie während des Prozesses spielen sollen. Ein Anwalt kann fröhlich sein und ein fröhliches Selbstvertrauen ausstrahlen. Ein anderer wirkt überlegen, distanziert und akademisch, was ein sarkastisches Kreuzverhör verspricht. Wieder ein anderer nimmt eine polternde, stirnrunzelnde, einschüchternde Art an, eine Art überwältigende

Männlichkeit. Jede Art hat ihre eigenen besonderen Vorteile, je nach Art der zu spielenden Rollen. Am effizientesten ist die Art des Anwalts, der direkt, sachlich und im Einklang mit seiner eigenen Persönlichkeit ist.

Wie auf der modernen Bühne gibt es eine Rückkehr zur Einfachheit des Schauspiels. Natürlichkeit und eine ständige Rücksichtnahme auf die Aktualität sind die einzig sichere Regel. Einfachheit und Natürlichkeit, auch wenn sie geflissentlich angestrebt wird, überzeugen meist. Ziel ist Konsistenz und eine unkomplizierte Art und Weise.

Der Anwalt erinnert sich vor allem daran, dass die Jury den guten Kämpfer bewundert, und mit einer gewissen offensichtlichen Subtilität lässt ein erfolgreicher Anwalt in New York seinen Assistenten seinen Mantel, seine Bücher und Papiere tragen, er selbst trägt jedoch immer seinen Hut – einen Derby, übrigens, denn ein hoher Hut wäre zu wichtig. Der große Mann weiß, dass die Juroren sich der Bedeutung des Anlasses bewusst sind und dass ihre Augen jede seiner Bewegungen verfolgen werden. Wenn er zum Beratertisch geht und sein Derby abgibt, könnte es durchaus zum Gradmesser für den Kampf werden.

Der Gerichtsschreiber neben dem Richterpult beginnt, ein großes hohles Holzrad zu drehen; Darin befinden sich Karten, auf denen jeweils der Name eines Geschworenen steht, der vom Sheriff beauftragt wurde, während der Verhandlungsperiode des Gerichts dem Gremium beizuwohnen. Die vorgeladene Zahl ist natürlich größer als die zwölf, die für einen Fall benötigt werden. Oftmals müssen diejenigen, die einer Gerichtsverhandlung beiwohnen müssen, nichts zu tun haben, bis sie tatsächlich mit dem Fall befasst werden, obwohl sie ihr Sitzungshonorar erhalten. Es gibt die Geschichte des unwissenden Arbeiters, der zum ersten Mal in einem Gremium saß.

„Warum", sagte er, „ich habe den ganzen Tag herumgesessen und mir Sorgen um meinen verlorenen Arbeitstag gemacht. Wenn ich gewusst hätte, dass ich zwei Dollar fürs Nichtstun bekomme, hätte ich vielleicht Spaß gehabt."

Nachdem die Namen gut vermischt sind, greift der Sachbearbeiter mit der Hand in das Holzrad, zieht eine Karte nach der anderen heraus und ruft die Namen laut auf, bis zwölf Geschworene zur Loge gerufen wurden.

Für den völlig neuen Betrachter birgt diese Zeichnung der Jury aus der Holztrommel mit Drehgriff eine gewisse Mystifizierung. Für den Eingeweihten mag es eher humorvoll erscheinen, wie das Mischen der Gerechtigkeitskarten, das Ziehen aus einem Hut oder das Drehen eines Roulettekessels. Es ist jedoch von Bedeutung für eines der großen Prinzipien des angelsächsischen Rechts, nämlich ein Verfahren vor einem Gericht, bei dem durchschnittliche Männer aus dem Kreis der einfachen Bürger ausgewählt und zufällig auf den jeweiligen Fall zurückgegriffen werden.

Wenn der Name jedes Geschworenen aufgerufen wird , tritt er hervor und sein Erscheinen wird dem Anwalt nicht entgehen. Er nimmt seinen Platz in der Loge ein, der Geschworene, der zuerst aufgerufen wird, ist als Juror Nr. 1 bekannt, und wenn er in der Loge bleibt , wird er normalerweise zum Vorarbeiter der Jury. Bei Sonderjurys, ab der Grand Jury, wird der Vorarbeiter durch Auswahl ausgewählt. Die aufeinanderfolgenden Juroren werden entsprechend ihrer Sitze von rechts nach links mit Blick auf sie nummeriert. An dieser Stelle ist anzumerken, dass einige Anwälte bei der Beantwortung ihrer Fragen an die einzelnen Geschworenen sorgfältig darauf achten, diese beim Namen zu nennen, da sie sich darüber im Klaren sind, dass niemand gerne unter einer Nummer bekannt ist. Anstatt ihn als Juror Nr. 7 oder Nr. 9 zu bezeichnen, spricht er ihn mit Mr. Sullivan oder Mr. Schmittberger an .

Die Berater beginnen, die zwölf Männer in der Loge auf ihre Qualifikationen zu prüfen. Auf einem kleinen Brett, das der Länge nach mit Gummibändern zusammengebunden oder in Rillen gesteckt ist, liegen die aus dem Rad gezogenen und nach der Anzahl der Sitzplätze geordneten Karten mit den Namen, Adressen und Berufen der in der Kiste sitzenden Herren. Es gibt zwei Möglichkeiten, einen Geschworenen zu entfernen. Bei der einen handelt es sich um eine Anfechtung aus wichtigem Grund, *das heißt* , dass er sich als untauglich oder voreingenommen erweist, und bei der anderen handelt es sich um eine so genannte kategorische Anfechtung, die praktisch dasselbe ist, als würde man sagen, dass der einen oder anderen Seite das Aussehen des Mannes nicht gefällt. Es gibt Konnotationen zum Wort Herausforderung, die im Wesentlichen dramatisch sind. Es impliziert einen Kampf, ein Duell, ein Turnier.

Es ist schwierig, genau zu ermitteln, welche Grundsätze für die erfolgreiche Prüfung und Auswahl einer Jury gelten. In Massachusetts und in bestimmten wichtigen Fällen in New York wurde die gesamte Gruppe der für die Dauer des Gerichts vorgeladenen Geschworenen von Kriminalbeamten untersucht, damit der Anwalt Informationen darüber erhält, wer als Geschworener abgelehnt oder akzeptiert werden sollte, um über den Fall zu entscheiden . Die Angemessenheit dieser Maßnahme kann in Frage gestellt werden, und der Normalfall könnte einen solchen Aufwand nicht tragen.

Dennoch gibt es möglicherweise einen triftigen Grund, solche Informationen einzuholen. Wenn man die Lebenslage eines Menschen, seine Gewohnheiten, seinen Beruf, seine Kirche, seine Vereinigungen, seine Politik und andererseits einen bestimmten Sachverhalt berücksichtigt, ist es fast sicher, wie er über diese Tatsachen entscheiden wird. Wenn ein Mann schon immer Mietzahler war und wahrscheinlich andauernd Ärger mit seinem Vermieter wegen Reparaturen hatte und ein Gefühl der Verärgerung wegen der regelmäßigen Wiederholung des Miettages hatte, ist es dann nicht natürlich, dass er gegenüber einem Vermieter gewisse Vorurteile hegt? Streit zwischen Vermieter und Mieter? Oder kann andererseits ein Mann, der zu den unglücklichen Immobilieneigentümern gehört und Steuern, Zinsen, Versicherungen, Reparaturen für die Beseitigung von Mietshausverstößen und häufigen Leerstand bezahlt hat, wirklich absolut gerecht sein ? Wenn ein Geschworener Jude, Katholik oder Baptist ist, wird er wahrscheinlich eine angeborene Sympathie für seinen Glaubensgenossen haben. Das Gesetz erkennt dies nicht an, es sei denn, der Geschworene ist ehrlich genug, ein Vorurteil einzugestehen. Die Solidität des angelsächsischen Geschworenensystems basiert auf der Theorie, dass es nicht einen Geschworenen gibt, sondern dass es zwölf sind und dass es unter zwölf einen Durchschnitt zwischen dem Vermieter und dem Mietzahler, zwischen dem Baptisten und dem Katholiken geben wird.

Der Anwalt wählt die Jury normalerweise nach Beobachtung und gesundem Menschenverstand als alleinigem Leitfaden aus. Die übliche Frage an Geschworene lautete: „Glauben Sie, dass Sie angesichts dieser oder jener Sachlage ein faires und unparteiisches Urteil fällen könnten?" ist für den Geschworenen offensichtlich absurd. Jeder Mensch hält sich für vollkommen ehrlich und gerecht. Es braucht einen starken Charakter, um zu sagen: „Ich könnte nicht fair sein." Tatsächlich sollte ein solcher Mann eher in der Jury bleiben als entlassen werden . Wie ein Geschworener einmal nach dem Fall zu einem Anwalt sagte: „Warum haben Sie mich entschuldigt, als ich sagte, ich kenne den anderen Anwalt? Sie haben Ihre Herausforderung vertan; er hätte mich nicht bleiben lassen. Ich kannte ihn zu gut."

Der Umfang der Prüfung der Eignung der Geschworenen liegt im Ermessen des Gerichts. Die beiden Extreme werden durch die Methoden der englischen Gerichte repräsentiert, bei denen der Richter jede Frage bei der Auswahl der Jury streng überwacht, was in Amerika als willkürlich und ungerechtfertigt gelten würde, und durch die extreme Liberalität bei Strafprozessen in diesem Land . Der Zeitunterschied liegt oft zwischen einigen Minuten und einigen Wochen.

Natürlich kann der Richter die Anfechtung aus wichtigem Grund zulassen oder auch nicht – in der Form „Euer Ehren, ich bitte Sie, Herrn Smith zu entschuldigen" –, weil die Anwälte bei der Anfechtung vorsichtiger vorgehen; denn wenn sie nicht zugelassen werden, könnte der angefochtene Geschworene kleingeistig genug sein, um einen Groll gegen den Anwalt zu hegen. Die sicheren Herausforderungen sind die zwingenden, ohne Angabe eines Grundes oder Grundes. Die Anzahl der zwingenden

Herausforderungen für jede Seite beträgt normalerweise sechs. Sobald ein Geschworener herausgefordert wird , verlässt er die Kiste und der Gerichtsschreiber zeichnet einen neuen Namen vom Rad.

Es ist ganz so, als ob einem Spieler zwölf Karten auf die Hand gegeben würden, und nach den Spielregeln kann jede Seite sechs einzelne Karten abwerfen und sechsmal aus dem Stapel ziehen, um ihren Besitz zu verbessern. Die Hand gehört jedoch nicht nur ihm, sondern auch seinem Gegner, der ebenfalls sechs Karten abwerfen und ziehen kann, wenn der erste Spieler zufrieden ist. Wenn der zweite Spieler mit dem ersten Spieler fertig ist, kann er alle neuen Karten, die der zweite Spieler ersetzt hat, erneut abwerfen, vorausgesetzt natürlich, dass die sechs Ziehungen noch nicht aufgebraucht sind. Dieses Glücksspiel wird immer mit dem Ziel gespielt, einen positiven Eindruck bei der Jury zu hinterlassen, und kann bis zum Äußersten höflich verfeinert werden.

„Mr. Merriweather, kennen Sie den Angeklagten in diesem Fall, Mr. Jacobs, oder seinen Anwalt, Mr. Jenkins, oder seinen Assistenten, Mr. – äh – den jungen Herrn zu seiner Linken?" ist die übliche Form, präsentiert mit größter Urbanität. Es bedeutet sehr wenig, aber vielleicht hilft es dem Anwalt, einen gegnerischen Geschworenen zu identifizieren und dessen Antworten zu erhalten, die fast durchweg negativ ausfallen. Es ist natürlich wünschenswert, dass der Geschworene als Richter kein Freund der Gegenseite ist. Aus der Art und Weise, wie der Mann in der Loge antwortet, lässt sich möglicherweise auf seine allgemeine Veranlagung schließen, und alle weiteren Fragen haben diesen Zweck im Blick. Der Anwalt des Klägers fährt also mit den zwölf vor ihm liegenden Zwölfen fort und kann jederzeit sagen: „Euer Ehren, ich entschuldige Geschworener Nummer so und so."

Normalerweise prüft er die gesamten zwölf, bevor er einen von ihnen „entschuldigt", und wenn er dies tut, wenden sich viele Anwälte von der Loge an den Richter und sagen: „Ich werde die Nummern vier, fünf und elf entschuldigen." Den Verbliebenen ist häufig nicht klar, warum ihre Brüder entlassen wurden. Eine leichte Verwirrung mag sich über die Gesichter aller legen, wenn hier und da ein Mann unter dem Wink des Schreibers aufsteht und seinen Platz aufgibt.

Über das Ausmaß, in dem Anfechtungen ausgeübt werden sollten, gehen die Meinungen auseinander. Einige Prozessanwälte gehen vorsichtig damit um, da sie darauf bedacht sind, offen und vertrauensvoll zu wirken und bereit zu sein, das Urteil eines anständigen Bürgers zu akzeptieren. Andere sind akribisch beharrlich und schöpfen alle ihre Herausforderungen aus. Die erste Haltung besteht darin, zu sagen:

„Ich habe einen so guten Fall, so ehrlich und gerecht, dass es unmöglich ist, dass ein gerechter Mann sich gegen mich zur Wehr setzt. Deshalb werde ich nicht auf diesen unbedeutenden Punkten von Interesse oder Vorurteilen beharren. Sie sind alle aufgeschlossen." Ich werde es jedem überlassen. Die zweite Haltung wurde von einem Anwalt erklärt, der immer die Hand ans Kinn legte, die Geschworenen tief und fragend ansah und mit wichtiger Stimme sagte:

„Ich fordere die Geschworenen Nr. 6, 8, 9 und 11 oder 4, 5 und 12 heraus." Als er privat gefragt wurde, nach welcher Theorie er bei seiner ernsthaften Auswahl vorgegangen sei, die eine so wunderbare Einsicht zu implizieren schien, gab er zu, überhaupt keine Theorie außer der schlicht menschlichen, von der er glaubte, dass sie alle seine Herausforderungen aufbrauchen würde, nur weil sie die anderen Geschworenen zu etwas machte blieb in der Box, fühle mich besser und ausgewählter. Der Hauptzweck der Auswahl besteht jedoch darin, eine faire und intelligente Jury sicherzustellen.

Nicht selten möchte die eine oder andere Seite unbedingt die besten Männer loswerden und ist bereit, das Risiko einzugehen, dass dies nicht offensichtlich wird. In einem Immobilienfall gelang es dem Anwalt des Klägers, der keine starke Argumentation hatte, jeden Mann auszuschließen, der jemals Häuser oder Grundstücke besaß oder auch nur die geringste Erfahrung damit hatte. Es war ein kühnes Eingeständnis, dass niemand, der den Fall verstand, für ihn entscheiden würde. In Fällen von Eisenbahnunfällen entschuldigt der Kläger, der Schadensersatz gegen das Unternehmen verlangt, oft jeden Geschworenen, der wohlhabend oder wohlhabend erscheint, so weit er kann.

Ein bekannter New Yorker Anwalt hatte als junger Mann einen Fall gegen ein Unternehmen verteidigt. Der Kläger und seine Anwälte waren Juden, und die Geschworenenbank bestand bei ihrer ersten Besetzung aus sieben Zwölfteln Hebräisch. Der Anwalt des Klägers entschuldigte die fünf Nichtjuden umgehend, und als der Anwalt des Unternehmens aufstand, war in der Jury kein einziger Mann seiner eigenen Rasse. Er akzeptierte sie. Der Prozess ging weiter und es stellte sich heraus, dass die Behauptung des Klägers tatsächlich sehr schwach war. Schließlich musste der Anwalt des Angeklagten zusammenfassen und kam zu dem Schluss:

„Meine Herren der Jury: Der Kläger hofft, diesen Fall nicht aufgrund des Gesetzes, seiner Beweise oder irgendeiner Gerechtigkeitserwägung zu gewinnen. Er hofft, aufgrund der einfachen Tatsache erfolgreich zu sein, dass er Jude ist, sein Anwalt ist ein Jude , und jeder von euch ist ein Jude. Mit einem Ausdruck des Glaubens an den Gerechtigkeitssinn der jüdischen Rasse und des Vertrauens in das Urteil setzte sich der Anwalt des Angeklagten zusammen. Die Jury entschied zu seinen Gunsten.

Solcher Mut wird, wenn er erfolgreich ist, oft belohnt, ist aber natürlich von Natur aus gefährlich.

Geschickten Anwälten wird es gelingen, sich von Anfang an einzuschmeicheln, sie werden dies jedoch nur bei der gesamten Jury versuchen. Nichts ist unglücklicher, als einem bestimmten Geschworenen Aufmerksamkeit zu schenken: das heißt, mit einem Geschworenen zu flirten. Wenn er noch nicht mit den anderen vereidigt ist und der Gegner es sieht, wird er ihn sicherlich loswerden. Wenn er bliebe, würde er von seinen ausgewählten Mitarbeitern höchstwahrscheinlich mit Argwohn betrachtet werden. Sollte der Anwalt meinen, dass ein Mann in der Loge ihm wohlgesonnen ist, lässt er ihn klugerweise in Ruhe und widmet sich in der Hoffnung, dass die andere Seite es nicht bemerkt, den anderen umso ernsthafter.

Die Jury ist endgültig ausgewählt. Die Herausforderungen sind ausgeschöpft. Beide Anwälte scheinen zufrieden zu sein. Dem Richter wird mitgeteilt, dass die Jury zufriedenstellend sei, was natürlich eine beschönigende Bezeichnung ist. Kein Geschworenengericht ist jemals für beide Seiten völlig zufriedenstellend, aber es ist eine höfliche Art zu sagen, dass es das Beste ist, was sie unter den gegebenen Umständen erreichen können. Der Richter hört auf, sein Scheckbuch auszugleichen, und schaut zu den Geschworenen auf. Der Wärter bedeutet ihnen, aufzustehen. Sie halten ihre Hände hoch. Auch der Richter erhebt sich.

„Meine Herren", sagt er, „schwören Sie alle feierlich, den Fall John Smith gegen Thomas Gregory wahrhaftig zu verhandeln und ein gerechtes Urteil gemäß den Beweisen zu fällen? Also steh dir bei, Gott." Sie antworten nicht, aber sie setzen sich.

ÖFFNEN DES GEHÄUSES

Die Jury wird ausgewählt, vereidigt und sitzt in der Jury-Loge. Der Richter beginnt damit, die Akten des Falles auseinanderzufalten, damit er die Schriftsätze lesen kann. Der eigentliche Prozess steht vor der Tür. Der Gerichtsdiener hat den Geschworenen Hüte und Mäntel abgenommen, ein anderer Gerichtsdiener hat die Zuschauer zu ihren Plätzen geführt und den jungen Gerichtsschreiber so höflich wie möglich unterdrückt, der nicht versteht, warum er nicht zum Richter gehen und ihn fragen konnte, was aus dem Fall geworden sei Jones gegen Allen, das letzten Donnerstag auf dem Kalender stand und heute hätte stattfinden sollen, oder fragen Sie, ob „Seine Ehren über diesen Antrag im Fall Meyer gegen Cohen entschieden haben." Die Türen des Gerichtssaals sind geschlossen. Die Wärter machen sich auf die Suche nach Flüsterern und sagen: „Unterbrechen Sie alle Gespräche." Die Mandantin wird unterbrochen, indem sie ihrem Anwalt erzählt, dass sie denkt, dass der Richter ein freundliches Gesicht hat, ihr aber das Aussehen des Mannes in Uniform, der neben ihm steht, nicht gefällt oder umgekehrt. Allmählich wird es ruhiger im Gerichtssaal und eine Stimmung der Erwartung herrscht.

Doch die eigentliche Beweisaufnahme und Zeugenvernehmung steht noch aus. Jetzt kommt die sogenannte Eröffnung. So traten die gepanzerten Ritter mit Trompetenschall in das Turnier ein, ihre Namen und Titel wurden aufgerufen, und es war Brauch, dass sie ein- oder zweimal um die Listen herumritten, um den Richtern ihre Rüstungen, ihre Waffen und ihre Reittiere zu zeigen , ihr Drumherum und ihre Ausrüstung, oder sie versuchen vielleicht sogar ein oder zwei Mal, sich gegenseitig anzugreifen. Die Einführungsrede des Anwalts hat etwas den Charakter einer Parade oder eines Vorgeplänkels. Es kann auch mit dem Prolog verglichen werden, der vor Beginn eines Dramas gesprochen wird. Die Rede mit der in der juristischen Terminologie so üblichen anschaulichen Kürze wird Eröffnung genannt.

Ziel ist es, dem Richter und der Jury zu zeigen, worum es in dem Drama geht. Das sekundäre Ziel besteht darin, Interesse zu wecken. Unmittelbar nach der Eröffnung kommt das Beweismaterial, das meist kahl, fragmentarisch und unzusammenhängend ist. Es könnte für die Jury unmöglich sein, den Zusammenhang zwischen einer Aussage und einer anderen Aussage zu verstehen. Nehmen Sie einen einfachen Fall wie eine Klage wegen Nichtzahlung einer Rechnung in einem Textilwarenladen. Ein Zeuge sagt über den Verkauf aus, ein anderer über die Verpackung der Ware, ein anderer über die Lieferung; Als Beweis wird eine Quittung vorgelegt. Nicht jeder würde eine zusammenhängende Geschichte erzählen. Die

Einleitung stellt den Sachverhalt dar und macht die Beweise verständlich. Es hat auch die Funktion einer Vorspeise. Das mag etwas unnötig erscheinen. Aber lassen Sie uns ein Beispiel nehmen. Ein ganzer Fall kann von einer Tat abhängen. Wenn die Arbeit selbst ohne Erklärung der Jury vorgelegt und vorgelesen würde, würden sie sich langweilen. Ein Zeuge soll diesen Teil der Geschichte erzählen, ein anderer diesen, und das fehlende Glied der Kette könnte durch die Tat ergänzt werden. Die Jury darf nicht verwirrt sein, bevor ihr Interesse geweckt ist. Stehen nicht das Leben, das Eigentum oder der Ruf bestimmter Männer auf dem Spiel? Der gewöhnliche Mann und noch mehr der durchschnittliche Geschworene hat ein viel zu starkes Verantwortungsbewusstsein, um sich zu langweilen, wenn er wirklich verstehen kann, worum es geht. Die Funktion der Eröffnung besteht darin, es ihm zu sagen.

Während der Anwalt mit der Eröffnung beginnt, beugt sich jeder Geschworene nach vorne und beobachtet ihn aufmerksam. Sie fühlen sich ihrer Verantwortung als Justizbeamte verpflichtet und es gab kaum Beschwerden darüber, dass sie während des Prozesses eingeschlafen seien. Die Geschworenen haben die Namen der gegnerischen Anwälte und die Gesichter der Mandanten kennengelernt, sofern sie bei der Vernehmung der Geschworenen darauf hingewiesen wurden, mehr jedoch nicht. Sollen die Geschworenen eine Geschichte über erbitterten Groll oder über Leidenschaft und Verbrechen hören oder eine ruhige Forderung nach der Begleichung einer Schuld? Die Eröffnung wird es zeigen.

Hat der Kläger in jahrelangen Bemühungen ein Unternehmen aufgebaut und den Beklagten als Partner aufgenommen, nur um von ihm betrogen zu werden? Der Anwalt des Klägers wird die jahrelangen Bemühungen kurz, aber eindrucksvoll darlegen, bevor er die Art und Weise skizziert, in der der Beklagte ihm durch Betrug die Früchte seiner Arbeit gestohlen hat. Wenn der Kläger dann aussagt, dass er 1890 ein kleines Geschäft in der Fourteenth Street eröffnete, 1896 in die Twenty-Third Street und von dort 1916 in eine Uptown-Straße an der Avenue zog, werden den Geschworenen und ihnen die Daten in den Sinn kommen werden die 26 Jahre sorgfältiger Arbeit selbst schildern. Dann konnte keine Beredsamkeit mit der Wirkung der langsamen, knappen Schilderung seiner Fortschritte durch den Zeugen mithalten. Doch was könnte ohne den Prolog des Anwalts langweiliger sein als die Nennung von Straßennummern und Daten?

Der Gegenstand der Aussage mag interessant sein, aber wenn der Zeuge nicht über eine seltene Ausdruckskraft und einen Sinn für das Malerische verfügt, kann die Art und Weise, wie sie dargelegt wird, langweilig und schlicht sein. Aber an diesem Punkt springt der kleine, scharfsichtige Anwalt der anderen Seite auf und unterbricht: „Ich widerspreche, Euer Ehren. Welchen Unterschied macht es, wo er 1890 lebte, ob in der Fifth Avenue

oder in Mulberry Bend? Was wir wissen wollen." ist es, wofür er jetzt klagt."
Und das Gericht wird wahrscheinlich mit ihm entscheiden und den Kläger
auf relevantere Tatsachen beschränken.

Einige der wichtigen Antworten könnten ja oder nein sein. Der Rat liefert
in einem solchen Fall die Farbe und verleiht dem, was eigentlich lebendig
genug ist, was allein aber trocken erscheinen würde, den Anschein von
Leben. Selbst wenn eine so berühmte Romanfigur wie „Becky Sharp" vor
Gericht käme und nur mit großem Interesse ihre Rolle wahrnahm, würden
wir nicht an ihrer Aussage festhalten, obwohl diese nur aus „Ja, das habe ich"
bestand; „Ich habe ihn noch nie gesehen." Wir sollten von dieser kahlen
Aussage fasziniert sein, denn Thackeray hatte uns so enorm an der Dame
interessiert. Die Luft würde durch die Kraft ihrer Persönlichkeit elektrisiert
werden. Ohne eine vorherige Einführung könnte es uns jedoch so sehr an
Urteilsvermögen mangeln, dass wir sie in ihrem Aussehen und ihrer Stimme
nicht ungewöhnlicher finden als den durchschnittlichen Zeugen, der in den
Zeugenstand tritt.

Thackeray hat nicht nur Becky Sharp erschaffen; Er hat auch unser
Interesse an ihr geweckt. Ebenso kann der Anwalt Interesse an seinen
Zeugen wecken, von denen einige persönlich genauso außergewöhnlich sein
können wie jede andere Figur in einem Roman. Wenn ein Zeuge tatsächlich
alltäglich ist, besteht umso mehr die Notwendigkeit, ihn lebendig menschlich
zu machen; Wenn er so farblos ist, dass nichts aus ihm persönlich gemacht
werden kann, kann er durch die Klasse, der er angehört, Interesse wecken,
denn Klassen haben eine sympathischere Farbe, die tiefer ist als die des fast
farblosen Individuums.

Um die Jury zur Visualisierung der Geschichte und der Charaktere zu
bewegen, darf höchste literarische Begabung ins Spiel gebracht werden. Der
Anwalt ist hinsichtlich der Zeit und der Beschreibung, die er verwenden
kann, begrenzt. Er hat jedoch seine Stimme und seinen Ausdruck: die
Werkzeuge eines Schauspielers. Aber auch hier sollte die Regel der
Einfachheit und Natürlichkeit gelten.

Die Eröffnungsrede ist ein Prolog und es wird nicht argumentiert. Dem
Anwalt ist es nicht gestattet, seinen Fall in seiner Eröffnungsrede darzulegen,
da sein Gegner Einwände erheben wird und das Gericht oft warnend sagen
wird: „Herr Anwalt, Sie fassen zusammen." Diese Einschränkung ist jedoch
in Wirklichkeit ein Vorteil, nicht nur, weil sie für beide Seiten gilt, sondern
auch aus dem Grund, dass kein Anwalt mit Sinn für dramatische Werte
seinen Ausgang vorhersehen *würde* . Ein Argument kann abschreckend
wirken, es sei denn, die angestrebte Entscheidung lässt sich, wenn auch nur
vage, ohne es erkennen. Und wie soll die Jury ihre Entscheidung formulieren,
bevor die Beweise vorgelegt wurden? Die Jury sollte sich für Miss Becky

Sharp interessieren und bereit sein, ihre Aussage zu verstehen, aber bevor sie ihre Geschichte von Zeugen gehört hat, die es wissen, werden sie keinen positiven Eindruck von der Behauptung haben, dass ihr Unrecht getan oder sie schlecht behandelt wurde.

In Bezug auf die Länge der Eröffnung wird in der Regel Nachsicht geübt, da bekannt ist, dass nur wenige Zeugen eine zusammenhängende Geschichte erzählen oder sie gut erzählen können . Von der alten französischen Geschichte des Anwalts, der *avant le création du monde begann, und des Richters, der ihn aufforderte, áu deluge* weiterzugeben , bis hin zu der üblichen modernen Methode, den Anwalt dazu zu zwingen, nur den Grundriss der Klage darzulegen, gibt es verschiedene Grade der Beredsamkeit, die natürlich je nach Bedeutung des Falles variieren.

Wunderbar mag der Prolog in seiner Zurückhaltung und malerischen Lebendigkeit und nicht zuletzt in seiner Klarheit sein. Verwirrende Geschäftsvorfälle können so beschrieben werden, dass wichtige Beträge, Zahlen und Daten im Gedächtnis bleiben und wiedererkannt werden, wenn sie in den Beweismitteln wieder auftauchen. Der Rat steht derzeit im Mittelpunkt der Bühne; Es liegt in seiner Hand, seinen Kurs zu gestalten oder zu zerstören. Er ist am Ende seiner Rede angelangt, verbeugt sich und der erste Zeuge wird aufgerufen.

Bevor die Aussage beginnt, schaut sich der Richter den Anwalt des Angeklagten an und fragt ihn, ob er seine Verteidigung darlegen möchte. Diesbezüglich gibt es bei verschiedenen Gerichten eine unterschiedliche Praxis. Einige bestehen darauf, dass der Angeklagte sofort darlegen sollte, worum es auf seiner Seite geht, andere, dass der Angeklagte warten sollte, bis der Kläger alle seine Beweise durchgearbeitet und sich ausgeruht hat; Dann eröffnet zu Beginn des Verfahrens des Angeklagten der Anwalt des Angeklagten seine Vorstellung.

Der Unterschied zwischen diesen beiden Vorgehensweisen ist so wesentlich, dass er erklärt werden kann. Einerseits ist der Anwalt der Meinung, dass er nicht gezwungen werden sollte, preiszugeben, was er tun wird, wie er dem Angriff zu begegnen gedenkt, ob er im Hinterhalt liegen und den Kläger beschießen wird, wenn er ankommt, oder sich hinter einem Wall verschanzen wird und ihm mit der ganzen Kraft seiner Beweise begegnen. Möglicherweise plant er einen plötzlichen Ausfall, nachdem der Kläger seine Pfeile abgeschossen und seine gesamte Munition aufgebracht hat. Der Anwalt hat das Gefühl, dass er den Vorteil des Generalpostens verliert, wenn er ihm seinen Wahlkampfplan mitteilt .

Stellen Sie sich einen einfachen Fall vor: Der Kläger klagt wegen einer unbefristeten Rechnung wegen einer Warenrechnung, deren Beweis lange dauern wird. Der Beklagte verfügt über eine vollständige Quittung über die

Zahlung. Ausgehend von der Theorie, dass der Angeklagte seine Beweise bei der Eröffnung nicht offenlegen muss, kann er mit der Quittung im Ärmel still sitzen, den Kläger öffnen und seinen Zeugen rufen lassen, die Beweise können sich zusammen mit den üblichen Anträgen und Einwänden hinziehen und danach Der Kläger ruht, der Beklagte legt der Jury vor.

„Meine Herren", sagt er, „das ist ein einfacher Fall. Der Kläger behauptet, er habe die Waren verkauft und der Beklagte habe sie nicht bezahlt. Ich schlage vor, Ihnen zu zeigen, dass der Kläger nicht die Wahrheit gesagt hat. Ich habe ihn Ihnen beweisen lassen." dass er jeden Posten der Rechnung verkauft hat, weil ich Ihnen zeigen wollte, wie unwahr er ist. Mein Mandant, der Beklagte, hat nicht nur die Waren bezahlt, sondern ich kann auch die vollständige, vom Kläger unterzeichnete Quittung vorlegen."

Für den Laien ist das absurd. Der Angeklagte hätte die Quittung von vornherein vorzeigen müssen, und die ganze Zeit des Prozesses wäre gespart worden. „Nein", sagt der technische Anwalt, „hätte ich meine Beweise vorher offengelegt, hätte der Kläger seine Beweise der Situation entsprechend formuliert." Die moderne Sichtweise ist anders. In Frankreich beispielsweise darf in einem Verfahren kein Schriftstück als Beweismittel vorgelegt werden, es sei denn, es wurde zuvor dem Anwalt der Gegenpartei vorgelegt und jeder hatte Gelegenheit, es zu prüfen. Tatsächlich wird diese Ausstellung der Originaldokumente auf so offene und ehrliche Weise durchgeführt, dass es üblich ist, alle Originaldokumente an die andere Seite zu schicken, ohne auch nur eine Quittung entgegenzunehmen oder eine Kopie aufzubewahren, und das in der gesamten Geschichte der Franzosen, abgesehen vom Verlust eines solchen Papiers ist nie bekannt geworden.

Praktischer und sinnvoller erscheint es, dass die Anwälte des Angeklagten verpflichtet werden, die Art und den Sachverhalt seiner Verteidigung darzulegen. Es ist der Unterschied zwischen der alten Idee des Prozesses und der neuen. Beim ersten handelte es sich um einen Nachahmungskampf. Die neue Idee besteht nicht so sehr darin, dass es sich um einen Kampf, sondern vielmehr um eine Untersuchung der Fakten handelt. Wenn der Kläger die Quittung entgegennehmen möchte, kann er in der Widerlegung einen Gegenangriff oder eine Erklärung vorbringen und darlegen, wie er dazu gekommen ist, die Quittung vollständig zu unterzeichnen. Der Richter und die Geschworenen sind der Ansicht, dass das notwendige Element des Prozesses darin besteht, die Fakten zu ermitteln, und dass die Planung und die Methoden der Anklage und Gegenklage nicht so wichtig sind. Die alte Vorstellung vom Prozess als Kampf verschwindet.

Die Eröffnung durch den Angeklagten zu Beginn, direkt nachdem der Kläger seine Eröffnung beendet hat und bevor ein Zeuge geladen wird, vereinfacht den Prozess für die Geschworenen, die über den Sachverhalt entscheiden sollen. Die Schriftsätze sollen die Sachverhalte definieren und darlegen, aber da sie in der Regel technisch sind , sind sie nicht ausreichend biegsam. Der Beklagte bestreitet mit seiner Antwort lediglich die in der Klage des Klägers in den Absätzen 6, 8 und 10 dargelegten Tatsachen. Der Angeklagte sollte bei seiner Eröffnung gezwungen werden, den Geschworenen deutlich zu machen, was er zu zeigen gedenkt. Er sollte die Position eines einfachen Geschäftsmannes einnehmen, der sagt: „ Diese dummen Leute bilden sich ein, sie hätten einen Anspruch gegen mich." Sie haben nichts dergleichen.

Der Kläger sagt, dass er den Vertrag so und so verstanden habe und dass beide Parteien unter dieser Annahme bestimmte Dinge getan hätten und den Beklagten mit böser Absicht kennengelernt hätten und zu Unrecht die Pflicht vergessen hätten, sein Wort zu halten, und sich geweigert hätten, seiner Vereinbarung nachzukommen. Deshalb: „Meine Herren, wir waren gezwungen, vor Gericht zu gehen und diese Klage zu erheben, und wir werden Ihnen, meine Herren, Fakten zeigen, auf deren Grundlage Sie ein Urteil zu unseren Gunsten fällen müssen." Dann erhebt sich der Angeklagte und sagt:

„Meine Herren, wir werden einen Brief vorlegen, der dem alles widerspricht." Redekunst hat in der Einleitung des Angeklagten wenig Platz.

Der Richter hat während der beiden Eröffnungen versucht, die beiden Anwälte auf die Tatsachen zu beschränken, die seiner Meinung nach bewiesen werden könnten, und nicht zu weit davon abzuschweifen. Sobald beide fertig sind , sagt er: „Rufen Sie Ihren ersten Zeugen", und der Zeuge nimmt ängstlich Stellung.

DER VERWIRRTE ZEUGE

Die ganze Frage für Zeugen ist, ob sie sagen dürfen, was sie wollen oder was die Anwälte wollen. Da sie sich beide im Gerichtssaal befinden, müssen sie sich an die Gerichtsregeln halten. Das ist das Problem: Die Regeln sind gegen den Zeugen.

Als die Zeugin zum ersten Mal in den Zeugenstand tritt, fordert sie der Gerichtsdiener auf, ihre rechte Hand zu heben. Sie tut dies und versucht, sich auf den Zeugenstuhl zu setzen, damit sie sich etwas wohler fühlt. „Stehen Sie auf", sagt der Beamte. Der Richter blickt sie über seine Brille hinweg fragend an. Sie versucht zu lächeln und kommt wieder auf die Beine. „Heben Sie Ihre Hand", sagt der Richter. Der entzückende und hygienische Brauch, die Bibel zu küssen, wurde abgeschafft. Sogar die Gewohnheit, die Hand auf das Buch zu legen, verschwindet und an vielen Höfen ist eine Bibel schwer zu finden.

Die Dame hebt in der Verwirrung, zum ersten Mal auf einer Bühne zu stehen und auf einer erhöhten Plattform vor einem Publikum zu stehen, ihre linke Hand. Der Gerichtsdiener springt sie an. Der Richter hat die gleiche Darbietung schon viele Male gesehen und nimmt die *Gegensätze kaum wahr*. Zu diesem Zeitpunkt ist sie verwirrt und verärgert, und nachdem sie etwas über die Wahrheit, die ganze Wahrheit und nichts als die Wahrheit gemurmelt hat, lässt sie sich in den Stuhl sinken und beginnt in einer sehr unbehaglichen Stimmung mit der Tortur der Zeugenaussage.

Was sie sagen möchte, was sie sagen sollte, was ihr gesagt wurde, ist alles weg. Die Geschworenen und der Richter verstehen das und empfinden Mitgefühl, aber die Regeln des Gerichts erlauben es ihnen nicht, höflich zu sein und sie zu bitten, einen bequemeren Stuhl zu nehmen, etwas Tee zu trinken, ob die Kinder irgendwelche Nachwirkungen davon gehabt haben Masern, oder ihren Hut abzunehmen und eine Weile zu bleiben. Sie weiß, dass sie bleiben muss und dass es ihr keinen Spaß machen wird.

Sie ist die wichtige Zeugin, die im Auto saß, als es mit dem Lebensmittelwagen zusammenprallte. Sie ist ehrlich, von durchschnittlicher Intelligenz und möchte die Wahrheit sagen. Sie wird gefragt:

„Wo waren Sie zum Zeitpunkt des Unfalls?" Sie sagt, dass sie mit dem Auto in die Stadt fuhr, um ihre verheiratete Tochter zu besuchen, deren Kinder an Masern erkrankt waren, und dass sie es eilig hatte. Der Anwalt streicht den letzten Teil der Antwort. Die Tatsache, dass sie ihre Tochter sehen wollte, dass die Kinder Masern hatten und dass sie es eilig hatte, ist nicht relevant und hat nichts mit dem Fall zu tun. Die einzig relevante Tatsache ist, dass sie im Uptown-Auto saß.

Sie saß vier Sitze von vorne entfernt und dachte, das Auto würde sehr langsam fahren und die Kinder würden schlafen, bevor sie dort ankam. Es ist unerheblich, dass sie an ihre Enkelkinder oder die Masern dachte oder dass sie daran dachte, dass das Auto langsam fuhr. Die eigentliche Frage ist, wie schnell das Auto fuhr.

Der Grund für die Beweisregel besteht darin, dass das Gericht immer nicht wissen möchte, was sie gedacht hat, sondern was sie tatsächlich gesehen hat. Sie darf nicht sagen, was sie gedacht hat oder was sie ihrer Tochter nach dem Unfall gesagt hat. Die Tochter kann nicht in den Zeugenstand gerufen werden, um auszusagen, was ihre Mutter ihr über den Vorfall erzählt hat, als sie ihr Haus erreichte. Zeitungsberichte über den Unfall dürfen nicht als Beweismittel zugelassen werden, ebenso wenig wie die Berichterstattung der Polizisten über den Unfall, da er erst später eintraf. Das angelsächsische Recht beschränkt den Beweis auf das, was tatsächlich mit den fünf Sinnen wahrgenommen wurde. Das Gericht bildet sich auf der Grundlage dieser Wahrnehmungen und der Tatsachen selbst eine eigene Entscheidung. Es will nicht hören, was jemand denkt, oder was der Zeuge glaubt oder schlussfolgert, sondern nur, was er wahrgenommen hat.

Es gibt auf beiden Seiten viel für und gegen diese Regelung. Eine umfassendere Methode erscheint dem Anwalt erschreckend locker und schlampig. Die Regeln der Beweisführung erscheinen dem Unbeteiligten wie eine unmenschliche Farce. Ersteres ermöglicht es, eine Atmosphäre zu schaffen, von der aus die ganze Wahrheit erreicht werden kann. Würde nicht ein gewöhnlicher Mensch, wenn er etwas über den Unfall herausfinden wollte, die Zeitungen lesen, die Polizeiberichte herausfinden, fragen, was ein Zeuge dachte, was dieser Zeuge später jemand anderem über den Unfall erzählte? Erzählt sie jetzt nicht jemandem von dem Unfall?

Psychologen sind sich einig, dass niemand seine Wahrnehmungen und das, was vor seinen Augen passiert, genau wiedergeben kann. Darüber hinaus haben Tests an Schul- und Hochschulabsolventen hinsichtlich ihrer Beobachtungsgabe die Fehlbarkeit der menschlichen Wahrnehmung gezeigt. Die mangelnde Wahrnehmung, die mangelnde Erinnerung und die unzureichende Sprache machen jedes Zeugnis unbefriedigend. Menschen mit geringer Bildung sind immer noch weniger in der Lage, etwas zu sehen oder zu erklären. Der einzig sichere Weg besteht darin, ein zusammengesetztes Foto des Geistes des Zeugen und der Gedanken anzufertigen, die aus der ursprünglichen Wahrnehmung, einer Fortsetzung der Eindrücke, entstehen.

Richter oder Geschworene entscheiden niemals über Fälle, indem sie zunächst entscheiden, welcher Zeuge die Wahrheit oder zumindest die genaue Wahrheit sagt. Sie gehen davon aus, dass beide Seiten etwas lügen;

dass, egal wie gut sie es meinen und wie sehr sie sich bemühen, alle Zeugen nicht in der Lage sind, die genaue Wahrheit zu sagen. Das Bedauerliche an dem Gesetz ist, dass dies nicht offiziell anerkannt wird. Es ist Heuchelei, nicht anzuerkennen, dass menschliche Augen und Ohren nicht in der Lage sind, auch nur einfache, konkrete Fakten zu erfassen. Es herrscht eine Schüchternheit, die das Eingeständnis menschlicher Unvollkommenheit nicht zulässt.

Der Beweis hierfür ist, dass, wenn drei Zeugen in den Zeugenstand treten und beschreiben, dass etwas auf die gleiche Weise geschehen sei, bei den Geschworenen sofort starke Zweifel an dem gesamten Fall aufkommen. Angenommen, es stellt sich die Frage nach dem Zeitpunkt, zu dem ein Verbrechen begangen wurde, und die Verteidigung versucht, ein Alibi zu beweisen, indem sie nachweist, dass sich der Angeklagte zu diesem Zeitpunkt in einem Lokal aufgehalten hat. Möglicherweise gab es drei Zeugen, die ihn tatsächlich gleichzeitig gesehen haben. Ein Zeuge kommt in den Zeugenstand und sagt 15:10 Uhr, der nächste Zeuge sagt, er habe ihn um 15:10 Uhr gesehen, und der dritte sagt dasselbe. Die Jury kommt zu dem Schluss, dass die Geschichte erfunden ist.

Angenommen, der erste Zeuge sagt, er habe ihn irgendwann nach dem Mittagessen gesehen, und der zweite Zeuge erinnert sich, dass er den Angeklagten irgendwann an diesem Tag im Saloon gesehen hat, ist sich aber nicht sicher, ob es morgens oder nachmittags war, und der dritte Zeuge sagt das Er habe ihn unter der Woche gesehen, erinnere sich aber nicht an den Tag, sei es ein Donnerstag oder ein Freitag – es ist wahrscheinlich, dass der Angeklagte mit seinem Alibi viel bessere Chancen hat, Erfolg zu haben.

Die Dame im Auto konnte sich nicht an die Tageszeit erinnern, außer dass es kurz vor dem Zubettgehen der Kinder war. Sie hatte den Krach gehört und gesehen, wie der Wagen auf die Gleise einbog. Unter vielen Einwänden kommt sie schließlich zum Punkt des Absturzes.

„Haben Sie gesehen, wie das Auto den Wagen rammte?" „Ich lehne das als richtungsweisend ab", sagt der andere Anwalt. „Es ist führend und suggestiv." Technisch gesehen mag er Recht haben, aber wenn der Richter gesunden Menschenverstand hat, weist er den Einwand zurück.

Die richtige Frage wäre: „Was geschah als nächstes?" Die Zeugin könnte sich jedoch an die Papiertüte mit Orangen erinnern, die sie ihren Enkelkindern brachte, und anstatt von dem Unfall zu erzählen , begann sie zu beschreiben, wie sie sie auf den Boden fallen ließ. Leitfragen sind in fast allen Fällen notwendig. Der Grund dafür, dass sie anstößig sind und ausgeschlossen werden, liegt darin, dass der Richter und die Jury nicht die Darstellung des Sachverhalts durch den Anwalt hören sollten, sondern das, woran sich der Zeuge tatsächlich erinnert.

Ein Zeuge im Zeugenstand zeigt sich in seiner schlimmsten Form. Wenn jemand aus dem wirklichen Leben plötzlich unvorbereitet und ungebildet in der Theaterkunst auf eine Bühne gedrängt würde, wäre die Situation erschreckend unpassend. Doch der Zeuge wird in eine neue und fremde Umgebung geworfen. Es ist ein Teil der Lebensrealität, der vor einem konventionalisierten Hintergrund anschaulich dargestellt wird. Der Richter und die Jury verstehen dies vage. Der Anwalt, der den Zeugen vorführt, spürt dies und entlockt ihm die Aussage auf beruhigende Weise.

Die Gegenstände des Kreuzverhörs sind folgende. Die erste besteht darin, zu beweisen, dass die Geschichte des Zeugen nicht wahr ist, und die andere darin, etwas Neues ans Licht zu bringen. Der gegnerische Anwalt vergisst oft den Zweck seines Kreuzverhörs und erreicht mit dem Versuch, den Zeugen zu schikanieren und einzuschüchtern, meist durch Sarkasmus oder zweifelndes Verhalten, nur sehr wenig. Nicht ein einziges Kreuzverhör von fünfhundert bringt irgendetwas. Der Richter hat viele gehört und er hat wenig Hoffnung, dass sie von großem Interesse sein werden. Die Geschworenen berücksichtigen die Angst der Zeugin im Zeugenstand und die Tatsache, dass sie sich in den Händen eines klugen Anwalts befindet, so sehr, dass sie selbst dann nicht sonderlich beeindruckt sind, wenn sie sich selbst widerspricht oder sich nachweist, dass sie sich irrt. Im besten Fall ist es nur ein Fehler, keine bewusste Lüge. Der Anwalt meint, er sei seinem Mandanten und sich selbst gegenüber moralisch verpflichtet, ihn ins Kreuzverhör zu nehmen. Er ist gezwungen, weiterzumachen. Es gibt eine muffige Rechtstradition, dass ein Verfahren ohne Kreuzverhör kein ordnungsgemäßes Verfahren sei. Es ist ein legaler Fetisch und eines der Dinge, die getan werden. Der Richter erwartet es, die Jury erwartet es, der Mandant erwartet es und die Öffentlichkeit.

Der Kunde zahlt sein Geld und darf nicht enttäuscht werden. Würde man darauf gänzlich verzichten, würden der Richter und die Geschworenen den Verlust vielleicht nicht so bitter empfinden. Vielleicht bevorzugen sie es und die Frage für den Anwalt ist, ob es besser ist, den Mandanten oder die Jury zufriedenzustellen. In diesem Dilemma vergisst der Anwalt möglicherweise, dass es vor allem darum geht, den Kampf zu gewinnen. Wenn der Fall verloren geht, ist es dem Mandanten völlig egal, wie brillant der Anwalt aussah, handelte oder kämpfte.

Wenn der Anwalt begründet, wird er sagen:

„Wenn das Ziel meines Kreuzverhörs darin besteht, zu zeigen, dass der Zeuge nicht die Wahrheit sagt, habe ich dann gute Chancen, ihn zu einem Geständnis zu bewegen?" Der Zeuge weiß etwas über Meineid. Er hat Angst und hat von den Fallstricken eines Kreuzverhörs gehört. Erinnert sich der Anwalt an seinen eigenen hoffnungsvollen Sohn und daran, dass er ihn erst gestern trotz der Aussicht auf eine unmittelbar drohende Strafe nicht dazu bringen konnte, zuzugeben, den Kuchen gestohlen zu haben? Nur der kleine Schokoladenrand um die Ohren war der Beweis. Selbst das taube kleine Kind, das nicht so intelligent ist wie der Zeuge, wird nicht zugeben, dass er die Wahrheit gesagt hat. Dennoch setzt er das Kreuzverhör fort.

Wenn der Zeugin schließlich ein Papier gezeigt wird, das sie unterschrieben hat, als der Ermittler der Eisenbahn sie besuchte, und in dem sie angab, dass sie auf dem sechsten Sitz sitze, gibt es nicht mehr so viel, worauf man stolz sein kann.

„Ha, ha", denkt der Anwalt „endlich", „haben Sie nicht gerade gesagt, dass Sie auf dem vierten Platz sitzen?" „Ich erinnere mich nicht", sagt der Zeuge. „Was", donnert der Anwalt, „Sie erinnern sich nicht; dann ist Ihr Gedächtnis schlecht. Ich werde Ihnen bei Ihrer direkten Vernehmung vorlesen, was Sie gesagt haben", und er tut es. „Was war es nun, der sechste oder der vierte Sitz."

Der andere Zweck des Kreuzverhörs besteht darin, neue Fakten herauszufinden. Für den Anwalt ist dies ein gefährliches Risiko, und wenn er sich seiner Sache nicht sicher ist, sollte er es lieber nicht eingehen. Er täte besser daran, die Fakten von seiner eigenen Seite erzählen zu lassen, als sie durch einen unwilligen Zeugen ans Licht zu bringen, der auf der Hut ist und denkt, dass der gegnerische Anwalt versucht, ihn in eine Falle zu locken.

Der Fehler, den die meisten Anwälte im Kreuzverhör begehen, besteht darin, den Zeugen aufzufordern, das zu wiederholen, was er in seiner direkten Aussage gesagt hat. Das nochmalige Erzählen derselben Geschichte betont lediglich die Tatsachen in den Köpfen der Jury. Der Anwalt fragt:

„Sie sagen, Sie hätten gesehen, wie der Fahrer seine Pferde anpeitschte, als das Auto einen Block entfernt stand." Der Anwalt mag an der Richtigkeit der Aussage zweifeln, aber die bloße Wiederholung der Worte beeinträchtigt das Gedächtnis der Jury. Sofern er die Aussage nicht mit einem klaren Ziel durchgeht, sei es, um das direkte Gegenteil deutlich zu machen oder um die Tatsache zu beweisen, dass der Zeuge die Aussage auswendig gelernt hat und die Wiederholung in genau denselben Worten erfolgt, sollte der Anwalt lieber davon Abstand nehmen .

So seltsam es auch erscheinen mag, die Beweisregeln basieren tatsächlich auf dem gesunden Menschenverstand. Die gewöhnliche Erfahrung der Menschheit hat die Beweisregeln hervorgebracht, aber die Schwierigkeit besteht darin, dass die weitere Erfahrung der Zivilisation neue Regeln entstehen lässt, die nicht mit den alten vereinbar sind. Dennoch sind die gegenwärtigen Regeln bei vernünftiger Anwendung recht gut. Die Frage ist eigentlich, ob es überhaupt welche geben sollte.

Sie akzeptieren die Tatsache, dass es Regeln geben sollte, und basieren auf zwei Prinzipien; Das erste ist, dass nur etwas bewiesen werden kann, das mit einem Fall zu tun hat, und das zweite, dass es nur auf sichere und vernünftige Weise bewiesen werden kann. Es mag sowohl dem Anwalt als auch dem Laien unmöglich erscheinen, die Beweisregeln in einfacher Sprache darzulegen. Aber am Ende werden die Prinzipien des gesunden Menschenverstandes die Oberhand behalten, so wie sie es auch in der Vergangenheit getan haben, auch wenn sie unter einer Fülle von Redewendungen, alten Formen und überholten Bräuchen verborgen waren.

Die Theorie besagt, dass die Gerechtigkeit das Höchste und Beste will, was sie erreichen kann. Das Gericht besteht auf den beiden Hauptregeln; Diese Beweise müssen die allerbesten sein, die beschafft werden können, und sie müssen auf die sicherste, klarste und authentischste Weise vorgelegt werden.

Nehmen wir zum Beispiel die Regel, dass Schlussfolgerungen des Zeugen nicht zulässig sind. Wenn das Gericht die Aussage „Der Angeklagte brachte die Waren mit und sie wurden geliefert" als Beweis ansah und der Angeklagte in den Zeugenstand kam und sagte: „Ich habe die Waren nicht gekauft und sie wurden nicht geliefert", hätte das Gericht dies zuvor getan Es sind lediglich zwei gegensätzliche Überzeugungen oder Schlussfolgerungen. Es wäre ein Fall von „Katy hat es getan, Katy hat es nicht getan."

Die Beweisregel ist klar und erfordert, dass der Kläger darlegt, wo er den Beklagten gesehen hat, was getan wurde und was die beiden Parteien gesagt oder geschrieben haben. Geht es um die Lieferung, reicht es nicht aus, wenn der Kläger sagt: „Ich habe die Ware geliefert." Dem Gericht muss ein Nachweis über die Geschichte der Ware vorliegen. Der Fahrer des Wagens muss gerufen werden, der aussagen kann, wohin er gefahren ist, welches Paket er transportiert hat und was damit gemacht wurde, als er das Haus erreichte.

Das ganze Thema Sachverständigengutachten ist doch gar nicht so kompliziert. Sie sind lediglich Personen mit außergewöhnlicher Erfahrung, denen es gestattet ist, über etwas auszusagen, von dem sie nichts wissen. Sie haben den strittigen Sachverhalt vielleicht noch nie gesehen oder gehört, aber weil sie so viel Erfahrung mit ähnlichen Sachverhalten haben, ist es ihnen gestattet, ihre Meinung zu den von Augenzeugen vor Gericht vorgelegten Sachverhalten zu äußern. Da die Schlussfolgerungen und Meinungen unterschiedlich sein können, gibt es manchmal auch eine große Vielfalt an Experten, und da der Name von Experten nur Formsache impliziert, herrscht in den Köpfen der Jury und der Öffentlichkeit das Gefühl, dass die Aussagen von Experten in Vergessenheit geraten eine Menge unverständlicher Begriffe.

Ein Beispiel ist der Arzt, der in einem Fall aussagte, in dem der Kläger unter Rückenschmerzen litt und von der Jury 75 Dollar Schadenersatz erhielt. Er sagte:

„Der Kläger litt an traumatischer Iliosakralerkrankung , traumatischer Sinovitis des Knies und Handgelenks sowie an traumatischer Myositis der Rückenmuskulatur."

In Wirklichkeit sind die Aussagen von Sachverständigen ein sehr guter Beweis. Wenn es in einfachem und verständlichem Englisch gehalten wird und die Jury den Sachverständigen für einen sauberen, vernünftigen Mann hält, ist es genau das, was die Jury lernen möchte. Die Argumentationsmethode eines Sachverständigen über die Beweislage ist die gleiche wie die, die die Jury im Geschworenensaal anwendet. Es ist lediglich eine Meinung; Denn ihr Urteil hängt von der Meinung der Jury ab, basierend auf den Beweisen.

Während die Zeugen vernommen, in den Zeugenstand geladen, vereidigt, entschuldigt und ins Kreuzverhör genommen werden, kommt es im Verlauf des Prozesses zu zahllosen Vorfällen, die als Einwände, Ausnahmen und Anträge bekannt sind.

DIESE TECHNISCHEN EINWÄNDE

Dabei handelt es sich um Bühnentricks und kleine Zwischenfälle, die dem Auftritt Abwechslung verleihen. Ohne ein paar Ablenkungen wäre kein Drama vollständig. Was das Drama selbst betrifft, sind sie von keiner großen Bedeutung, außer dass sie der Handlung Schärfe und Interesse verleihen.

Der Anwalt stellt eine scheinbar gute Frage. „Ich widerspreche", sagt der andere Anwalt, „mit der Begründung, es sei inkompetent, irrelevant und unerheblich." Der Richter muss entscheiden. Möglicherweise hat er die Frage nicht genau gehört. Der Stenograph liest es noch einmal. Der andere Anwalt beugt sich vor, voller Angst, die Frage könnte ausgeschlossen werden. Er beginnt zu streiten.

„Die Frage ist vollkommen richtig; dem Zeugen sollte gestattet werden, darauf zu antworten." „Nein", sagt der andere Anwalt, „es ist formal unpassend, erfordert eine Schlussfolgerung und sollte nicht zugelassen werden." Der Richter sieht verwirrt aus. „Lesen Sie das noch einmal", sagt er. Die Frage lautet: „Was für eine Kuh haben Sie im Garten des Klägers gesehen?" „Ich habe immer noch Einspruch", sagt der Anwalt. „Der Zeuge hat sich nicht als Sachverständiger erwiesen. Wenn mein gebildeter Freund versucht, ihn als Sachverständigen zu qualifizieren, wünsche ich mir eine Gelegenheit, ihn zu seinen Erfahrungen mit Kühen ins Kreuzverhör zu nehmen." „Überhaupt nicht", antwortet der Anwalt. „Die Frage ist völlig berechtigt und ich stehe zu meinen gesetzlichen Rechten." Der Richter zögert; Wenn er nicht richtig entscheidet, wird der Anwalt eine Ausnahme machen und dem Berufungsgericht gefällt das möglicherweise nicht. Also sagt er und wendet sich an den Zeugen: „Sie können antworten, aber ich werde mir die Frage vorbehalten und später darüber entscheiden, ob ich einen Antrag auf Streichung stellen werde." „Ich ahne es", sagt der Anwalt. Die Jury sieht erleichtert aus. Der Zeuge richtet sich auf, der gegnerische Anwalt lehnt sich in angewiderter Verachtung über eine so lockere Vorgehensweise zurück. „Nun", sagt der Zeuge, „es war eine rote Kuh."

Das kann noch einige Zeit so weitergehen.

„Ich möchte die Antwort streichen", sagt der Anwalt; und der Streit beginnt von vorne.

Während des gesamten Prozesses warten der Mandant und die Jury auf diese Einwände und Ausnahmen. Bei einer Ausnahme handelt es sich um eine Mitteilung an den Richter, dass seine Entscheidungen falsch sind. Die Theorie besagt, dass er, wenn er sie ändern möchte, dies besser tun sollte, bevor der Fall in Berufung geht. Es handelt sich um eine verdeckte Drohung gegenüber dem Richter. In manchen Gerichten gilt der Grundsatz, dass keine Entscheidung, die keine Ausnahme darstellt, im Berufungsverfahren berücksichtigt werden kann; Folglich ist ein Anwalt darauf bedacht, seine Rechte durch Ausnahmen zu wahren.

Ein junger Anwalt hatte diesen Grundsatz einst so fest im Kopf, dass er, als er vor Gericht ging , anfing, von allem Ausnahmen zu machen, sogar von Urteilen zu seinen Gunsten. Er würde Einspruch erheben; Der Richter würde es bestätigen. „Ich ahne es", sagte der Anwalt. Er würde einen Antrag stellen; Der Richter würde es gewähren. „Ich akzeptiere", sagte der junge Anwalt. Die andere Seite würde Einspruch erheben; Der Richter würde gegen sie und zugunsten des Anwalts entscheiden. „Ich gehe davon aus", sagte der Anwalt. Schließlich wurde die Situation so angespannt, dass der Richter den jungen Mann vor Gericht rief und vertraulich mit ihm sprach. Seine Erklärung lautete: „Dies ist mein erster Fall und der Leiter meiner Kanzlei hat mir gesagt, ich solle auf Nummer sicher gehen und Ausnahmen von allen Entscheidungen akzeptieren."

Manche Anwälte haben so die Angewohnheit, Ausnahmen zu machen, dass es sich anhört, als hätten sie einen Schluckauf. „Überstimmt"; „Ich außer"; "Erlaubt"; „Ich außer"; "Bestritten"; „Ich außer"; "Gewährt"; „Ich ahne es." Es wird zu einem Brauch, der so konstant ist wie der Refrain in einer komischen Oper.

Theoretisch mag es eine solide gesetzliche Grundlage haben, aber der praktische Wert ist so gering, dass es lächerlich erscheint. Die Anwälte und Richter halten es für eine Selbstverständlichkeit. Wenn der Richter nach all den Auseinandersetzungen schließlich beschließt, die Aussage bezüglich der roten Kuh stehen zu lassen, wird er nicht geneigt sein, seine Meinung zu ändern, weil der Anwalt diese drohende Ausnahme einschaltet. Der Klang des Wortes ist gehässig und scheint den Unmut des Anwalts über die Entscheidung des Richters auszudrücken.

In den tausend Bänden von Rechtsberichten konnte kein Beispiel gefunden werden, wo der Richter seine Meinung aufgrund einer Ausnahme änderte. Das Ziel in dieser speziellen Richtung ist vergeblich.

Im Hinblick auf die Berufung; Das Berufungsgericht, das versucht, einen Fall auf der Grundlage der in der Verhandlung getroffenen Ausnahmen zu entscheiden, würde es schwer haben. Sie müssten das Geflecht der Beweise entwirren und herausfinden, ob diese wichtige Aussage auf Seite 204 ausgenommen war oder nicht, und dann, ob es eine ordnungsgemäße Entscheidung gab; Sehen Sie sich das Protokoll des Stenographen an und schauen Sie sich die wichtige Ausnahme auf Seite 59 und noch einmal auf Seite 106 an. Sofern bei der entschiedenen Frage keine Ausnahme gemacht wurde , kann das Berufungsgericht darüber nicht entscheiden. Es ist schwer vorstellbar, dass ein Gericht so streng und engstirnig sein könnte, dass es die Gerechtigkeit an so kleine Ausnahmen hängen könnte, die der Stenograph in der Eile des Augenblicks vielleicht vergessen hat, einzufügen.

Bei den Strafgerichten gibt es keine Ausnahmen seitens des Volkes, da es keine Rechtsmittel im Namen des Staates gibt. Der Angeklagte wiederholt weiterhin: „Ich nehme es respektvoll zur Kenntnis." „Ich muss auf meiner Ausnahme bestehen." Stellen Sie sich einen Mann vor, der zu siebzehn Jahren Gefängnis verurteilt wird, weil sein Fall aufgrund der unterlassenen Ausnahmegenehmigung nicht rückgängig gemacht wurde. Das Gericht konnte nicht glauben, dass Richterin so blind war, dass sie die Beweise als Ganzes nicht verstehen konnte .

Ausnahmen bilden die Reißzwecken und Nadelstiche eines Versuchs. Sie sind in der Hauptstruktur des Dramas von so geringem Wert, dass das Gericht ihnen, wenn sie von einer Seite vergessen werden, einen Scheffelkorb voll zur Verfügung stellen sollte, den jede Handvoll überall dort verteilen könnte, wo die Anwälte sie für nützlich oder angenehm hielten.

Es gibt drei Hauptarten von Einwänden: irrelevant, immateriell und inkompetent. Sie sind wie die magischen Worte, die die Türen der Beweise öffnen oder entriegeln und sie hereinlassen oder draußen halten. Sie haben drei verschiedene Bedeutungen, die Anwälte verstehen. Eine Sache kann immateriell, aber nicht inkompetent sein, oder inkompetent und nicht immateriell, oder irrelevant und nicht immateriell, oder irrelevant und nicht inkompetent, oder inkompetent und nicht irrelevant, oder eines oder beides oder überhaupt nicht. Jeder Jurastudent kann den Unterschied vollständig erklären, aber der Unterschied ist unerheblich und irrelevant, und wenn der Leser Zweifel hat, soll er einen befreundeten Anwalt bitten, ihm in einfachen Worten, ohne seinen gesunden Menschenverstand zu beleidigen, zu sagen, was der Unterschied zwischen immateriell und irrelevant ist irrelevant ist.

Die Verwirrung eines jungen Mannes kam schließlich in den Worten „respektlos, unverschämt und – und – und – egal" zum Ausdruck.

Wenn der Anwalt Einwände erhebt, macht er in der Regel einige andere Vorschläge, die vom Richter berücksichtigt werden können, wie zum Beispiel: „Die Frage ist leitend und suggestiv; völlig unangemessen; erfordert eine Schlussfolgerung; sie wird als argumentativ oder wegen ihrer Mehrdeutigkeit beanstandet."

Was auch immer die Schwierigkeiten mit Einwänden sein mögen, es ist weder die Schuld des Anwalts, des Richters noch des Zeugen. Wenn bestimmte Beweise gesetzlich nicht zulässig sind, ist es angemessen, Einwände dagegen zu erheben. So unbegründet und oft auch komisch die

Einwände klingen, ihre rechtliche Existenzgrundlage ist, dass das Gericht die bestmöglichen Beweise will.

Anstelle einer Kopie eines Briefes sollten der Richter und die Jury das Original sehen. Anstelle der Kopie eines Testaments wird das vom Erblasser tatsächlich unterzeichnete Dokument benötigt. Angenommen, es stellt sich eine Frage zur Zahlung einer Rechnung. Der Angeklagte sagt, er sei in den Laden gegangen und habe bezahlt. Der beste Beweis kommt von jemandem, der gesehen hat, wie er es bezahlt hat. Ein Zeuge, zu dem er später kam und sagte, er sei im Laden gewesen und habe die Rechnung bezahlt, ist kein so genauer Zeuge wie der Mann, der im Laden war und gesehen hat, wie das Geld bezahlt wurde. Um diesen schlechteren Beweis auszuhalten, werden Einwände erhoben.

Wenn der Einspruch berechtigt ist und der Richter sagt: „Einspruch stichhaltig", oder wenn er die Beweise für am besten hält, lässt er sie zu und sagt: „Einspruch zurückgewiesen", dann kann der Zeuge fortfahren und die Frage beantworten. Sofern der einwendende Anwalt seinen Einspruch nicht begründet oder begründet, ist der Einspruch nicht stichhaltig, da der Gegenseite der Grund mitzuteilen ist, damit er den entsprechenden Beweis erbringen kann, weshalb der Einspruch als unbegründet bezeichnet wird , inkompetent und immateriell, um alle möglichen Gründe abzudecken.

Die Gründe für die Einwände: „inkompetent, irrelevant und immateriell" könnten für den Durchschnittsmenschen „ inkontinent ", „ irrelevant " und „unreif" lauten. Wenn die Worte zusammen wiederholt werden, scheinen sie wie der alte juristische Begriff „unkörperliche Erbschaft" zu sein. Sie sind imposant und verleihen dem Prozess zusätzlichen Ton. Die Feierlichkeit der Wiederholung ist immer ein wertvolles Gut. Der wahre Wert des Wortes irrelevant wird durch die Wiederholung von irrelevant, „ irrelevant ", „irrelevant", „ irrelevant " gezeigt. In kurzer Zeit klingt das eine so wertvoll wie das andere.

Wenn er Einspruch erhebt , erhebt sich der Anwalt, und wenn er fertig ist, setzt er sich. Das erweckt den Anschein eines ständigen Aufspringens, ist aber nur eine Frage der Etikette, etwa so, als würde man den Hut abnehmen oder sich verbeugen. Manche Leute mögen die Formalität, aber es stellt sich die Frage, wie viel der Würde eines Gerichts gebührt und wie viel Form und Manieren der Effizienz des Geschäfts geopfert werden müssen. Der Richter, der sagte, dass er die ständigen Einwände des Anwalts nicht hörte, weil er seine Einwände im Sitzen vorbrachte, war weniger ein Anhänger der guten Sitten als vielmehr ein Protestierer gegen die Absurdität professioneller Einwände.

Die strittige Frage ist dieselbe und geht auf die Beweisfrage zurück. Soll alles zugelassen und dem Gericht eine fotografische Aufnahme zahlreicher

Details vorgelegt werden? Wenn das die richtige Idee ist, lässt sich aus allen umgebenden Umständen ein allgemeines Wissen und eine allgemeine Atmosphäre ableiten, und dann gäbe es keine Einwände. Wenn die strikte Auslegung des Gesetzes befolgt wird und die Beweismittel nur auf das Gesehene und Gehörte beschränkt werden, sind Einwände berechtigt und sinnvoll.

Die moderne Tendenz besteht darin, alle Einschränkungen der Vergangenheit abzuschaffen. Die Auslegung des Beweisgesetzes ist zu streng und das Pendel wird zwangsläufig weit in die entgegengesetzte Richtung ausschlagen. Ein mittlerer Wert ist möglicherweise nicht leicht zu erreichen, und der einzige Test ist der gesunde Menschenverstand des Durchschnitts.

Zur Frage der Zeit und ob die Beseitigung der Einwände und die Zulassung aller Beweise nicht kürzer wären, gibt es viel zu sagen. Es könnte weniger Zeit in Anspruch nehmen, bis der Zeuge die Szene auf dem Sterbebett der Tante des Schwagers seiner Frau, des Schwagers seiner Frau, erzählt, als dass das Gericht alle Einwände und Argumente im Hinblick auf die Zulassung der Aussage zu den roten Zahlen anhört und weitergibt Kuh.

Ausnahmen anhört, wird sie immer ungeduldiger. Der zurückhaltende Einfluss der Umgebung, die Tatsache, dass sie in einer Kiste untergebracht sind und ein Teil davon sind, das Drama hält sie zum Schweigen. Sie können nicht wegen der Belästigung des Zeugen in Aufruhr ausbrechen. Sie können nichts über die absurden Einwände sagen, die das Verfahren unterbrechen, oder über die gehässigen kleinen Ausnahmen, die eingeworfen werden, sondern können nur stillschweigend ein wachsendes Misstrauen gegenüber der gesamten Methode anhäufen. Wenn der Anwalt so energisch Einwände erhebt, denkt die Jury, dass er etwas zu verbergen hat . Doch wenn die Einwände vorgebracht werden , haben sie eine gewisse Wirkung, die zunächst nicht erkannt wird. Es wird eine Frage gestellt, die für den Geschworenen durchaus sinnvoll ist, die aber nach den Beweisregeln absolut unzulässig ist. Der Anwalt fragt zum Beispiel: „Was haben Sie Ihrer Frau von dem Unfall erzählt, als Sie nach Hause kamen?“ Jeder vernünftige Mann weiß, dass das, was er seiner Frau erzählt, sehr wichtig ist und die Frage seiner Wahrhaftigkeit berührt . Der andere Anwalt widerspricht völlig zu Recht. Die Jury meint, da muss etwas drin sein. Der Anwalt fragt noch einmal: „Haben Sie Ihrer Frau nicht gesagt, dass die Pferde sehr schnell fahren?“ Der andere Anwalt ist auf den Beinen. „Ich widerspreche“, sagt er, „und ich muss Euer Ehren bitten, den Anwalt anzuweisen, keine Fragen zu stellen, die offensichtlich unangemessen sind.“ Das Gericht entscheidet zugunsten des Einspruchsrechtsanwalts. Er ermahnt den Anwalt und weist die Jury an, die Frage außer Acht zu lassen. Doch was ist der Effekt? Die Jury ist der Ansicht, dass der Anwalt, wenn er nicht der Meinung gewesen wäre, dass die Antwort für seine Seite äußerst ungünstig wäre, nicht so energisch dagegen Einspruch erhoben hätte. Bei den Geschworenen bleibt der Eindruck, dass hinter der Frage, was er seiner Frau erzählte, einiges dran war.

Aus diesem Grund erklärt der Richter, wenn der Anwalt weiterhin anstößige Fragen stellt, manchmal ein Fehlverfahren oder lässt zu, dass eine Seite einen Geschworenen abberuft, was nur eine höfliche Art ist, zu sagen, dass die derzeitigen Geschworenen in dem jeweiligen Fall dies nicht tun können gerecht.

Hier entsteht eines der schönsten rechtlichen Dilemmas bei der Verhandlung eines Falles. Angenommen, der Fall dauert den ganzen Tag oder mehrere Tage. Der Kläger ist sehr daran interessiert, dass es fertig wird. Er hat große Kosten und Mühen auf sich genommen, um seinen Zeugen zu bekommen, und die Zeit der Anwälte pro Verhandlungstag wird sehr hoch geschätzt. Andererseits kann der Angeklagte im schlimmsten Fall nur ein Urteil gegen sich erwirken, was auch zu einem anderen Zeitpunkt erfolgen kann. Er ist bereit, den Fall für ungültig erklären zu lassen und von vorne zu beginnen; Er weiß, dass es lange dauern wird, bis der Prozess erneut zur Sprache kommt. Es war ein langweiliges Verhörverfahren, aber das ist ihm egal, solange die Möglichkeit besteht, das Urteil gegen ihn aufzuschieben. Es ist im Großen und Ganzen besser und einfacher, es aufzuschieben.

Wenn nun der Richter auf Antrag des Klägers ein Fehlverfahren erklärt, ist das seine eigene Sorge. Er glaubt, dass er keinen fairen Prozess bekommen und nicht weitermachen kann. Aber nehmen wir an, dass der Angeklagte durch seinen Anwalt das Verfahren unfair macht. Sein Anwalt stellt ständig die unangemessenen Fragen, die den Geschworenen so viel bedeuten. Der Richter kann den Anwalt streng ansprechen und ihn davor warnen, weiterhin suggestive Fragen zu stellen. Das ist alles, was er tun kann. Es wäre schlicht unfair, den Rückzug eines Geschworenen anzuordnen. Nach Ansicht des Richters kann das Verfahren unfair sein. Der Anwalt des Klägers scheut sich davor, ein Fehlverfahren zu beantragen, erstens wegen der Schwierigkeiten und Kosten für seinen Mandanten, und zweitens, wenn es abgelehnt wird, werden die Geschworenen glauben, dass er sie für unfair hält und nicht möchte, dass sie sich mit dem Fall befassen. Der Richter befindet sich im Hinblick auf anstößige Fragen und Aussagen in einer merkwürdigen Lage. Er sollte den Kläger nicht bestrafen, indem er den Angeklagten bestraft. Die Lockerung der Beweisgesetze könnte solche Probleme beseitigen.

DIE BEWEGUNGEN VOR GERICHT

Anträge implizieren Bewegung und Handlung, insbesondere in einem Drama, aber bei Gericht sind Anträge das Gegenteil und ersetzen dramatische Pausen, die den eigentlichen Ablauf des Stücks verzögern. Sie sind von großem Interesse für die Anwälte, von gewissem Interesse für den Richter, weil er sie sofort weitergeben muss, von nur geringem Interesse für den Mandanten, der sie nicht versteht, und von überhaupt keinem Interesse für die Jury, außer wenn sie zum Abgang eines Prozesses führen.

Bevor das Verfahren beginnt, stellt der Beklagte einen Antrag. Wenn der Anwalt des Klägers seine Eröffnung beendet hat, stellt die Gegenseite einen Antrag auf Abweisung des Verfahrens. Als er seine Aussage beendet, beantragt der andere Anwalt die Entlassung. Wenn beide Seiten durch sind, ziehen beide Seiten . Wenn die Jury das Urteil verkündet, können beide Seiten einen Antrag stellen, oder beide, wenn keine davon zufrieden ist. Während des gesamten Prozesses gibt es viele kleine Anträge. Anträge auf Streichung, Anträge auf Weisung, Anträge auf Beantwortung einer Frage durch den Zeugen, Anträge auf Benehmen des anderen Anwalts. Mit Ausnahme des Zeigens des Fingers oder des Erhebens der Stimme beim Sprechen handelt es sich hierbei nicht um Bewegungen, sondern nur um Verbalhandlungen; die Handlung ergibt sich aus dem Spiel der Emotionen der Parteien vor Gericht. Anträge sagen lediglich, was beide Seiten wollen; die formelle Bitte um etwas.

Der erste wichtige Antrag betrifft die Schriftsätze selbst oder wenn der Kläger sie eröffnet hat. Wenn der Richter nicht glaubt, dass der Kläger einen Rechtsstreit dargelegt hat, weist er ihn auf Antrag des Beklagten ab und das Urteil ist „unbeschadet". Das Problem ist, dass ein solches Urteil den Streit nicht endgültig beilegt. Der Kläger kann die Klage erneut erheben.

Er kann gegen die Entscheidung oder das Urteil Berufung einlegen, und das Berufungsgericht kann entscheiden, dass der Prozessrichter unrecht hatte, und dann wird der Fall nach einer gewissen Zeit trotzdem einer neuen Verhandlung zugeführt. Zu diesem Zeitpunkt glaubt der Kläger oder sein Anwalt möglicherweise, dass er keinen Anspruch mehr hat, und unterlässt die Klage, aber das weitere Vorgehen hängt davon ab, ob die Parteien nicht gestorben, müde geworden, in die Hände eines Insolvenzverwalters gegangen oder nach Borneo gezogen sind. Die Jury weiß über diesen Sachverhalt wenig und ist an den Voranträgen nicht interessiert. Die Mandanten verstehen es nicht, denken aber, dass die Anwälte gute Redner sind.

Die Anwälte sind an der Rechtsfrage interessiert und glauben so fest an ihren Fall, dass sie schockiert und überrascht sind, wenn ein negatives Urteil fällt . Der Richter weiß, dass er, obwohl er dem Antrag auf Abweisung stattgibt , wahrscheinlich einer Änderung zustimmen wird. Er ist nicht sehr besorgt, es sei denn, er sieht eine Möglichkeit, den Streit endgültig beizulegen und mit dem nächsten Fall fortzufahren. Er ist bestrebt, die vorliegende Aktion auszuprobieren und zum Kern der Sache vorzudringen, doch wenn sie wirklich auf allen Formsache bestehen, ist er ein wenig ungeduldig.

Er weiß, dass, selbst wenn der Angeklagte Recht hat und die Schriftsätze fehlerhaft sind, weil der Stenograph vergessen hat, ein Datum einzufügen, dieses dennoch eingefügt werden kann. Die jüngste Gesetzgebung hat es für notwendig erachtet, zu sagen, dass die Gerichte Änderungen von Schriftsätzen zulassen sollten, wenn „substanzielle Gerechtigkeit“ vorliegt „wird dadurch erreicht. Es ist ein Kommentar zum System der Gerichte, dass das Volk durch seine gesetzgebenden Körperschaften es für notwendig halten sollte, ein Gesetz zu verabschieden, das Richtern vorsieht, Schriftsätze auf Papier zu ändern, um die Gerechtigkeit zu fördern. Wenn Gerechtigkeit und Recht so sehr von Papierstücken abhängen, ist der trockene Formalismus der Gerichte bedauerlich.

Der nächste wichtige Antrag ist, wenn der Kläger seine Beweise vorgelegt und sich ausgeruht hat. „Der Kläger ruht“, sagt der Anwalt.

Der Richter und die Jury sagen sich: „Nun, es ist zur Hälfte vorbei.“

Der Anwalt des Beklagten erhebt sich und sagt: „Ich beantrage die Abweisung mit der Begründung, dass der Kläger keinen Klagegrund dargelegt hat. Er hat nicht nachgewiesen, dass die Kuh dem Beklagten gehörte, oder er hat nicht nachgewiesen, dass der Fahrer der Kuh der Beklagte war Der Kläger hatte kein Mitverschulden zu verschulden oder er hat überhaupt keinen Anspruch geltend gemacht.

Dies ist ein banger Moment für den jungen Anwalt. Hat er etwas vergessen? Was gab es da, woran er sich nicht erinnerte? Wird die Klage abgewiesen, weil er vergessen hat, einen Schnürsenkel zu binden oder eine Nadel hineinzustecken? Wenn er mehr Erfahrung in der Gerichtsarbeit hat, wird er sich nicht so viele Sorgen machen. Laut Gesetz muss dem Kläger in diesem Stadium des Verfahrens jede Chance gegeben werden. Erst wenn beide Seiten fertig sind, beginnt das Gesetz, die Beweise abzuwägen. Am Ende des Verfahrens des Klägers ist alles zu seinen Gunsten. Zu einem bestimmten Punkt genügt jede Aussage. Die Rechtstheorie besagt, dass beide Seiten gehört werden müssen. Wenn der Antrag auf Abweisung mit der Begründung gestellt wird, dass etwas ausgelassen wurde, wird das Gericht in der Regel Gelegenheit geben, nachzuweisen, wem die rote Kuh gehörte. Diese Bewegung ist wie viele andere Relikte vergangener Zeiten eine Frage von Brauch und Tradition. In der Regel wird davon ausgegangen, dass der Richter möglicherweise der Meinung ist, dass kein Fall vorliegt und dass der Kläger keinen Fall erkennen kann. Wenn er sich dazu entschließt, ist der Fall abgeschlossen, die Jury wird entlassen und der Klient wird in seinen Gefühlen verletzt, weil er aus dem Gericht geworfen wird.

Auch gegen eine solche Entscheidung besteht ein Rechtsmittel, das zu einer Aufhebung führen kann. Dann wird die neue Jury eingesetzt , die Zeugen werden abberufen und das Verfahren wird noch einmal durchgegangen. Wird die Entscheidung oder das Urteil bestätigt, wird der Fall in der Regel nicht erneut verhandelt; Das höhere Gericht hat erklärt, dass der Kläger aufgrund der Beweise keinen Anspruch hat und dass er sich niemals erholen kann, wenn keine neuen Beweise vorgelegt werden . In bestimmten Unfallfällen haben die Berufungsgerichte erklärt, dass sie ihre Gründe für die Abweisung der Klage nicht nennen würden, nachdem alle Beweise vorliegen, weil sie, wenn sie dies täten, befürchtet hätten, dass der Kläger beim nächsten Mal die fehlenden Verbindungen durch fabrizierte Beweise ergänzen würde Versuch und nicht ganz ehrlich. Dies ist wiederum ein Kommentar zum Verfahren.

Genau an diesem Punkt kommt das Recht des Falles so eindringlich ins Spiel. Bevor der Fall vor Gericht kommt, muss der Anwalt wissen, ob seinem Mandanten ein Klagerecht zusteht. Nicht jeder Sachverhalt oder jede Verletzung dieser Rechte führt zu einer Klage, die vor Gericht aufrechterhalten werden kann. Wenn Sie einen Mann zum Abendessen einladen und er akzeptiert, aber nicht kommt, können Sie Ihren Schadensersatz für die Bereitstellung des Abendessens nicht zurückerhalten; oder wenn du in deinen eigenen Brunnen fällst, kannst du den Mann, der ihn gebaut hat, nicht verklagen. Der Anwalt muss sorgfältig abgewogen haben, welche Tatsachen eine Klage ausmachen. Wenn ihm die Tatsachen selbst keinen Anspruch auf Wiedergutmachung geben, wird sein Fall abgewiesen; oder wenn er einen Klagegrund hat, aber den Sachverhalt nicht bewiesen hat, wird die Klage ebenfalls abgewiesen.

Aber wie oben gesagt wurde: Wenn die Tatsachenfolge oder die im Schriftsatz dargelegten Tatsachen unvollkommen sind, muss der moderne Geist zulassen, dass sie vervollkommnet werden. Die einzige Rechtstheorie, die diesem Geist widerspricht, ist die sogenannte Theorie, dass jeder Anspruch auf seinen Tag vor Gericht hat und dass es unfair ist, die Gegenseite wegen eines Mangels oder einer Vergesslichkeit erneut vor Gericht zu bringen auf Seiten des anderen.

Die Versöhnung besteht darin, dass es bei einem Prozess keine Überraschungen geben sollte. Die moderne Tendenz besteht darin, den Fall von der Vorstellung einer kriegerischen Prüfung abzulenken. Die kleinen

Vorteile, die sich durch Ausfälle und Überraschungen ergeben und die normalerweise durch Bewegung ausgenutzt werden, sind schließlich nicht von großer Bedeutung.

Eine anomale Situation zeigt die Absurdität dieser Anträge, denn wenn der Kläger ruht, muss er, sofern der Beklagte keinen Antrag auf Abweisung der Klage des Klägers stellt, zugeben, dass der Kläger auf den ersten Blick eine gute Argumentation vorgebracht hat, und wenn *er* nicht eingreift Danach ist er im Berufungsverfahren oder auf andere Weise für immer daran gehindert, geltend zu machen, dass der Kläger keinen guten Fall dargelegt habe. Das Ergebnis ist, dass am Ende des Verfahrens des Klägers der Antrag in der Regel aus formellen Gründen gestellt wird, um das Recht des Beklagten zu wahren.

Gewöhnlich wird dieser Antrag abgelehnt, wenn die Möglichkeit besteht, einen Fall zu vertreten, aber nehmen wir an, dass der Richter entweder aus Unwissenheit oder aus Gefälligkeit sagen sollte: „Nun, der Kläger hat einen guten Fall vertreten, aber wenn Sie danach fragen, wird das Blut sein." auf euren eigenen Schultern, und ich werde den Fall abweisen. Der Angeklagte möchte nicht, dass die Klage abgewiesen wird, aber er hat darum gebeten und bekommen, was er verlangt hat. Das Ergebnis ist eine anomale Situation. Der Fall wird zweifellos rückgängig gemacht und es werden ihm Kosten auferlegt, weil er aufgrund des Formalismus des Gerichtsverfahrens gezwungen war, das zu verlangen, was er nicht wollte.

Am Ende des Verfahrens gegen den Angeklagten, wenn beide Seiten eine Pause eingelegt haben, beantragt der Angeklagte erneut die Klageabweisung. Auch hier handelt es sich um einen formellen Antrag, den er vielleicht nicht ganz so meint, den der Anwalt aber oft aus Formsache stellt . Wenn der Richter wirklich der Meinung ist, dass es nicht genügend Beweise gibt, um den Fall den Geschworenen vorzulegen, sollte er dies sagen, ohne dass es eines Antrags bedarf. Angenommen, dies ist nicht der Fall, dann weist er den Fall „in der Sache" ab und der Prozess ist beendet. Aber nehmen wir an, dass dies der Fall ist, und der Richter versteht sein Geschäft nicht und die Feinheiten des Rechts sind seiner Ehre nicht ganz klar, und er macht einen Fehler und der Fall wird abgewiesen. Das Ergebnis ist, dass er, obwohl er dem Antrag des Beklagten auf Abweisung stattgegeben und dem Beklagten gegeben hat, was er wollte, ihn in Wirklichkeit bestraft hat, denn das Berufungsgericht wird seine Entscheidung aufheben und der Beklagte muss alle Kosten tragen und die Kosten tragen eines neuen Prozesses. Der Richter steckt in einer Zwickmühle, aus der er auf zwei Wegen herauskommen kann. Die eine besteht darin, den schwachen Fall des Klägers den Geschworenen vorzulegen, in der Hoffnung, dass diese sehen, was für eine schlechte Leistung der Kläger erbracht hat, und ein Urteil für den Beklagten fällen, in welchem Fall er in Sicherheit ist. Sollte die Jury jedoch einen Fehler machen und zugunsten des Klägers entscheiden, dann hat der Richter die Absicht, das Urteil aufzuheben, die gesamte Arbeit der Jury, der Zeugen, der Mandanten und der Anwälte zunichte zu machen und ein neues Verfahren anzuordnen. Dies ist eher ein schwachsinniges Verfahren und zeigt die Notwendigkeit, einen Mann auf dem Schiedsrichterstuhl zu haben, der weiß, wie man entscheidet.

Die zweite Alternative für den Richter besteht darin, sich die Entscheidung über den Antrag vorzuenthalten und die Geschworenen in den Geschworenenraum gehen zu lassen und sich ein oder zwei Stunden lang über das Urteil Gedanken zu machen, während der Richter die verborgene Absicht hat, vielleicht zu entscheiden, dass sie das nicht tun müssen jederzeit zu der Sache.

Der Grundsatz, auf dem der Richter diesen Antrag auf Abweisung festlegt, besteht darin, dass, nachdem der Fall abgeschlossen ist und alle Beweise vorliegen, die Beweise und Beweismittel seitens des Klägers nicht ausreichen, was ein vernünftiger Mensch jemals finden könnte ein Urteil für ihn. Der Antrag unterscheidet sich von dem Antrag am Ende des Verfahrens des Klägers darin, dass letzterer darauf beruht, dass überhaupt keine Beweise vorliegen, während der Antrag, nachdem das Verfahren vollständig abgeschlossen ist, auf der Theorie basiert, dass es keine Möglichkeit eines Urteils gibt.

Auch das klingt wie eine metaphysische Diskussion, verdeutlicht aber die Sinnlosigkeit formeller Anträge, sodass die Entscheidung tatsächlich vom gesunden Menschenverstand des Richters abhängt. Die Tendenz besteht darin, dass die Jury die Tatsachenfrage klären und ihre Aufgaben wahrnehmen sollte, wenn der Fall die Dauer eines vollständigen Prozesses erreicht hat und es irgendwelche Tatsachenfragen gibt. Es muss sich um einen schwachen und offensichtlich unsoliden Fall des Klägers handeln, in den der Richter oder das Berufungsgericht eingreift.

Während des gesamten Prozesses haben die kleinen Anträge, die gestellt werden, denselben Bezug zum Hauptthema wie die Einwände und Ausnahmen.

„Ich habe versucht, das Auto anzuhalten“, sagt der Autofahrer.

Der andere Anwalt springt auf. „Ich beabsichtige, als Schlussfolgerung zu streichen.“

Die Zeugen haben zu etwas anderen Tatsachen ausgesagt als in den Schriftsätzen dargelegt. „Ich beantrage, die Schriftsätze so zu ändern, dass sie den Beweisen entsprechen“, sagt der Anwalt.

„Ich beantrage eine Vertagung wegen Überraschung“, sagt der andere.

Natürlich handelt es sich bei der Aussage des Dirigenten um eine Tatsachenschlussfolgerung. Aber wenn die Gegenseite herausfinden möchte, wie er versucht hat, das Auto anzuhalten, soll er fragen, was getan wurde. „Hat er den Bremshebel betätigt? Hat er den Notruf eingeschaltet?" Man muss kein Experte sein, um zu sagen, dass das Auto schnell fuhr; er kann daraufhin untersucht werden, was er für schnell hält. Er muss auch kein Experte sein, um zu sagen, dass Eier faul sind, dass Butter ranzig ist, dass in Europa ein Krieg stattgefunden hat, dass ein Mann ein gebrochenes Bein hat oder krank aussieht oder sich seltsam verhält, dass der Fisch abgestanden ist oder so Kuh war rot.

Der Antrag auf Streichung berührt die Geschworenen nicht, die Aussage bleibt den Geschworenen im Gedächtnis. Das verbale Gedächtnis bleibt erhalten. Der Antrag auf Änderung der Schriftsätze hat auch keine Auswirkungen auf die Jury. Was haben sie damit zu tun? Wenn die Papiere geändert werden, ist dies aus ihrer Sicht nicht wichtig. Hätte der Kläger einen Brief an die Jury geschrieben, in dem er mitteilte, dass er etwas verklagen würde, wäre das besser als jedes Plädoyer.

Diese Anträge sind unbedeutend und Beispiele eines Formalismus, der, so wertvoll er auch sein mag, um die Methoden des Rechtsstreits zu definieren, nicht mit dem modernen Geist der Untersuchung von Tatsachen vereinbar ist. Es ist ziemlich bedeutsam, dass die Gesetze zur Schaffung von Kommissionen für den öffentlichen Dienst und gesetzgebenden Untersuchungsausschüssen in einigen Staaten so weit gehen, dass sie festlegen, dass es keine Beweisregeln geben soll, wie sie in den Gerichten angewendet werden.

Bei den anderen Anträgen, beispielsweise auf Erlass eines Urteils, was in der Regel einem Antrag auf Abweisung gleichkommt, und den Anträgen nach der Urteilsverkündung handelt es sich ebenfalls um formelle Anträge auf Ersuchen um Entscheidung über den Fall.

Sie mögen auf ihre Weise alle sehr gut und nützlich sein, sind aber lediglich die Vorfälle und Maßnahmen, durch die die Wahrheit der Sache erreicht wird. Der Mandant schaut verwirrt über die Argumentation und die Entscheidung, die Geschworenen haben keine ganz klare Vorstellung davon, was vor sich geht, die Anwälte haben das trügerische Gefühl, dass sie sich vielleicht ein wenig herabwürdigen, indem sie so viele Anträge stellen, und dennoch Sie haben ein gesetzliches Recht dazu und müssen alle gesetzlichen Rechte zum Schutz ihrer Kunden nutzen.

Nachdem alle Zeugen geladen seien, der Kläger und der Beklagte ihre Seite bewiesen hätten, der Kläger den neuen Beweisen des Beklagten widersprochen habe, alle vernommen worden seien, die Einwendungen und Anträge unterbrochen worden seien und Ausnahmen gewährt worden seien, fragt der Richter wenn beide Seiten durch sind und die Darstellung des Falles beendet ist.

Der Weg der Gerechtigkeit verlief auf einem holprigen und eher schmalen Weg. Der Volksaufstand gegen die Methode, zur Wahrheit zu gelangen, ist in Wirklichkeit die Enge des Weges. Die Darstellung eines Falles und die Mittel zur Wahrheitsfindung sollten nach einem klar definierten und geordneten System erfolgen. Es scheint natürlich, dass die krummen und schlecht gepflasterten Straßen einer Altstadt den offenen, glatten und breiten Alleen des modernen Geistes weichen sollten.

ELOKUTION

Als beide Seiten sich schließlich ausruhen und der Richter die letzten Anträge verabschiedet hat, beginnt die intensive Handlung des Dramas. Darauf haben die Mandanten gewartet, die Anwälte geschult. Es ist für sie die Gelegenheit, ihre Leistungen zur Schau zu stellen und ihren Mandanten zu zeigen, welche brillanten Anwälte sie engagiert haben; um dem Richter mitzuteilen, wie gut er den Fall verstanden hat; die Jury auf ihre Seite zu ziehen und zu beeinflussen; um die Geheimnisse zu enthüllen und durch die Kraft der Redekunst dort Gerechtigkeit zu schaffen, wo sie hingehört. Wenn sein Anwalt spricht, beobachtet ihn der Mandant mit Bewunderung, doch während der gegnerische Anwalt spricht, kann der Mandant seine Verachtung kaum verbergen. Er hat das Gefühl, dass sein Fall gesichert ist, und er versteht nicht, wie die Gegenseite etwas sagen kann . Dennoch befürchtet er, dass es einen Gerichtstrick geben könnte, den er nicht versteht, und dass der Fall verloren gehen könnte.

„Euer Ehren, meine Herren Geschworenen", beginnt der Anwalt des Angeklagten. Die Einbeziehung des Richters in seine Ansprache ist, obwohl dies aus Höflichkeitsgründen für die Beredsamkeit der Zusammenfassung geschieht, ausschließlich für die Jury bestimmt. Der Richter soll den Anwälten nur dann zuhören und sie zurückhalten, wenn sie in ihren Versuchen, die Jury durch ihre Bemühungen zu beeinflussen, zu weit gehen. Der Richter ist der Zeitnehmer oder Schiedsrichter und bringt die Anwälte auf den Punkt.

Gegenstand des Angriffs ist die Jury. Da die Beweislast für einen Fall beim Kläger liegt, soll er das erste und das letzte Wort haben; Daher beginnt der Angeklagte zu resümieren. Nachdem er fertig ist, ist der Kläger an der Reihe. Die taktische Position ist zugunsten des Klägers. Der Vorteil liegt, wie bei allen verbalen Auseinandersetzungen, angeblich bei dem Mann, der das letzte Wort hat. In allen Debatten hat der Befürworter das Eröffnungs- und Schlussrecht. Der Kläger hat das Verfahren mit der Verfahrenseröffnung begonnen, und nachdem es beendet ist , darf er es abschließen.

„Meine Herren", sagt der Richter, „wie lange werden Sie Ihre Ansprache durchdenken?" Beide Seiten einigen sich auf eine bestimmte Frist, die sich meist als zu kurz erweist, die aber bereitwillig akzeptiert wird, weil beide Seiten der Meinung sind, dass ihr Fall so klar und überzeugend ist, dass es nicht schwer sein wird, ihn zu erklären. Der Anwalt gürtet seine Lenden, der Gerichtssaal wird still, der Kampf der widersprüchlichen Beweise ist vorbei, die Mandanten und Zeugen treten aus dem Vordergrund, der andere Anwalt setzt sich und der Anwalt tritt näher an die Geschworenenbank heran.

„Die Jury gehört Ihnen", sagt der Richter, als würde er die Jury im Stich lassen. In der Tat ist die Zusammenfassung ein Angriff, ein lebendiger, scharfsinniger, meisterhafter Kampf, in dem Witz und Verstand gegen Witz und Verstand antreten: wo Fakten und Leidenschaften auf die intelligenteste und plausibelste Art und Weise gebündelt werden müssen, wo Vorstellungskraft und Redekunst gefragt sind in ihren besten Funktionen eingesetzt . Es kann mutig, männlich, energisch oder sanft und überzeugend sein; Es kann Sympathie wecken oder mit einer Reihe angehäufter Fakten drohen. Forensische Redekunst ist die höchste Kunstform, die mächtigste menschliche Gabe. Das einzige Problem bei den meisten Hofreden ist, dass sie nur für den Markt geeignet sind. Der Anwalt beginnt mit dem festen Eindruck, dass er die Jury gewinnen muss. Seine Stimme ist sanft und beruhigend, er hat das Gefühl, dass er sanft und überzeugend sein muss. Er reibt sich die Hände, erinnert sich an das alte Sprichwort „Lachen und die Welt lacht mit" und versucht einen kleinen Witz. Es gibt nichts Schöneres, als ein Lächeln für seine Seite zu bekommen. Vielleicht kommt der Witz nicht so gut an und das Lachen kommt nicht; Der Punkt ist verfehlt. Er wird versuchen, was Schmeichelei bewirken kann.

„Männer mit Ihrer Intelligenz können leicht sehen", sagt er.

„Als ich dich untersucht habe", erklärt er auf subtile Weise. „Ich wusste sofort, wie unvoreingenommen und gerecht Sie waren."

„Sie, meine Herren, sind praktische Männer und können verstehen." Doch irgendwie sind die Geschworenen unzugänglich. Sie lehnen sich in ihren Stühlen zurück und starren.

Dann beginnt der Anwalt zu vergessen, welches Ziel es hat, sich einzuschmeicheln. Die Erinnerung an das Unrecht seines Klienten hypnotisiert ihn und versetzt ihn in einen Gefühlsrausch. Er schwingt seine Arme, schlägt mit der Faust, erhebt seine Stimme und donnert seine Denunziation. Seine Rede nimmt einen bedrohlichen Ton an. Er schreit und heult; Die Jury muss aufgeweckt werden. Sie sitzen starr und ungerührt da. Er versucht, ihre Aufmerksamkeit zu erregen, aber da ist kein Funke Interesse zu erkennen. Vielleicht hat er eher das hoffnungslose Gefühl, dass die Redekunst nicht das ist, was sie angeblich ist. Die Jury wirkt besonders unempfänglich. Selbst dieser kleine Geschworene mit dem klugen, klugen Gesicht, der sich mit solch einem Ausdruck der Freude nach vorne beugt, ist möglicherweise nicht ganz vertrauenswürdig. Der Anwalt hat so etwas schon einmal gesehen, und der einzige Geschworene, der am meisten an dem letzten Fall, den er argumentierte, am meisten interessiert zu sein schien, war genau derjenige, der sich ihm im Geschworenensaal widersetzte, wie er später feststellte. Es scheint schwierig zu sein, die Jury zu bewegen, und die Männer in der Loge sind überhaupt kein warmes oder enthusiastisches Publikum.

Die Geschworenen legen keinen besonderen Wert auf die Redekunst des Anwalts, sie betrachten ihn als jemanden, der dafür bezahlt wird, seinen Teil zu leisten. Es ist der Teil der Prüfung, den sie verstehen können; Sie haben nicht klar verstanden, was vorher geschah. Als die Einwände erhoben wurden und die Zeugen ins Kreuzverhör genommen und belästigt wurden, konnten sie die Aufgaben des Anwalts nicht von der Persönlichkeit des Anwalts unterscheiden. Es schien, als ob er viele unfaire Dinge tat und nicht ganz den Erwartungen entsprach, aber jetzt hat sich die Atmosphäre geklärt. Sie können erkennen, dass er nur der bezahlte Redner für seinen Kunden ist, dass er diesen ganzen Lärm nur macht, weil das seine Sache ist. Für die Jury ist er der als Schauspieler eingesetzte Plädoyer. Die Position ist einfach; Wenn ihnen jemand so viel pro Tag oder pro Stunde für ihr Schauspiel und Gestikulieren bezahlen würde , wären sie sehr froh, das Geld zu verdienen.

Der Mandant beobachtet den Anwalt mit liebevoller Bewunderung. Es stimmt, dass er während des Prozesses nicht genau das getan hat, was von ihm verlangt wurde. Er hätte die von ihm vorgeschlagenen Fragen stellen sollen, aber jetzt geht es ihm hervorragend. Wenn der Anwalt fertig ist, fühlt sich der Mandant großartig. Er sieht nur eine Seite des Falles und glaubt absolut daran. Bei solch einem guten Redner kann die Jury nicht umhin, überzeugt zu sein.

Als sich der Anwalt setzt, schüttelt ihm der Mandant die Hand und sagt ihm, wie gut er es gemacht hat. Früher wäre er vielleicht bereit gewesen, den Fall für tausend Dollar beizulegen, aber jetzt würde er keinen Cent mehr zahlen, nicht einen Cent. Sollte die Jury später ein Urteil gegen ihn fällen, und sei es auch nur in Höhe der tausend Dollar, die er zu zahlen bereit war, ist er furchtbar enttäuscht. Im Geschworenenzimmer muss etwas ganz und gar nicht in Ordnung gewesen sein.

Der Richter ist während der Zusammenfassung nicht sehr aufmerksam. Sein Teil des Falles ist abgeschlossen. Während der Beweis erbracht wurde, war er wachsam. Zwar kommt die Anklage später, aber er weiß ziemlich genau, was er sagen wird, und es wird formell sein. Es ist die Aufgabe des Richters, die Adresse des Anwalts zu kontrollieren, aber der Anwalt ist manchmal sehr schwer zu kontrollieren.

In den Strafprozessen wird auf die Gefühle der Familie des Angeklagten Bezug genommen; die hingebungsvolle, besorgte Frau, die armen kleinen Kinder, die möglicherweise das Stigma der Schande ihres Vaters tragen, sollte das Urteil gegen ihn ausfallen. Da das häusliche Leben von keinem der Prozessbeteiligten zutage getreten ist und diese Dinge völlig „irrelevant und unerheblich" sind, macht es keinen großen Unterschied, ob das Bild wahr ist oder völlig erfunden ist. Der Angeklagte kann ein Trunkenbold sein, eine Belastung für seine Frau und ein Graus für seine Kinder; Möglicherweise hat er seine Familie sich selbst überlassen; es ist möglich, dass er überhaupt keine Familie hatte. Der Anwalt ist nicht berechtigt, in seiner Zusammenfassung oder auf andere Weise auf etwas zu verweisen , das nicht ordnungsgemäß als Beweismittel vorgelegt wurde. Er macht sich einer unlauteren Praxis schuldig, indem er den Geschworenen Informationen über die Familie oder die Umstände des Angeklagten mitteilt, es sei denn, dies war Teil des Falles, was unwahrscheinlich ist. Er weiß das gut; das gilt auch für seinen Gegner und den Richter. Und sollte der gegnerische Anwalt protestieren, wird der Richter aufblickend sagen: „Seien Sie vorsichtig, Anwalt, seien Sie vorsichtig." Der Berater verneigt sich respektvoll und fährt wahrscheinlich im gleichen Ton fort. Der Richter hat nicht genau gehört, was gesagt wurde, und ist der Meinung, dass die Anwälte, wenn sie nicht zu unverblümt und lautstark sind, sagen können, was sie wollen. Es darf nicht zu viel über den bösen, geldgierigen, seelenlosen Konzern geredet werden, es darf nicht zu viel Appell an die unterdrückten Armen gerichtet werden und es darf auch keine allzu große Nachsicht gegenüber Persönlichkeiten gegeben werden. Die Anwälte dürfen die Gegenseite nicht zu offen als Lügner und Diebe bezeichnen. Das heißt, sie mögen sagen, dass sie unaufrichtig sind, aber Lügner sind zu stark. Die Denunziation muss etwas zurückhaltend sein.

Der Richter verwirft eine eher milde Ermahnung. „Der Berater muss sich an die Beweise halten. Sie dürfen sich nicht auf Angelegenheiten berufen, die nicht vor Gericht anhängig sind." Der Anwalt sagt: „Ja, Euer Ehren." Der Richter zieht sich erneut in die Betrachtung der hohen Lebenshaltungskosten und seines schwindenden Bankguthabens zurück. Das Geschrei und das Geschrei werden lauter. Die Geschworenen sind geduldig, können aber nichts dagegen haben. Der andere Anwalt springt auf und verschafft sich nach beharrlicher Anstrengung Gehör. „Das hat der Zeuge nicht gesagt; Sie sagen etwas, das nicht stimmt. Ich bitte darum, dass der Stenograph das Protokoll verliest." Der Stenograph beginnt, die Seiten seines stenografischen Buches umzublättern. Die genaue Aussage der Dame im Auto ist schwer zu finden. „Himmel", denken die Geschworenen, „werden wir den ganzen Fall noch einmal von vorne beginnen?"

Einwänden weitermacht, werde ich in meinen fünfzehn Minuten nie durchkommen." Der Stenograph konnte die genaue Stelle nicht finden. Es steht offenbar nicht in der Zeugenaussage. Dann sagt der Anwalt, der Einspruch erhebt: „Ich bitte Euer Ehren, die Jury anzuweisen, die Stellungnahme des Anwalts außer Acht zu lassen." Der Anwalt muss über einen sarkastischen Humor verfügen. Eine solche Anweisung erscheint nicht notwendig. Der Richter sagt: „Das werde ich in meiner Verantwortung übernehmen, aber ich muss den Anwalt bitten, vorsichtig zu sein", und blickt warnend auf die Uhr.

Schließlich zeigen die Zeiger auf die vereinbarte Zeit. Der Richter sagt: „Ihre Zeit ist abgelaufen, Berater." „Nur noch eine Minute", sagt der Anwalt und macht dann noch drei weiter. Der Richter klopft auf seinen Schreibtisch. Der Anwalt beendet seine Rede mit einer hastigen Schlussbemerkung. „Deshalb, meine Herren, mit größtem Vertrauen in Ihre Fähigkeiten als erfahrene und kompetente Männer, mit dem festen Glauben an die Gerechtigkeit meiner Verteidigung, überlasse ich die Angelegenheit Ihren Händen."

Nun ergreift der Anwalt des Klägers das Wort, die Geschworenen bewegen ihre Füße und blicken auf die Uhr. „Meine Herren der Jury", beginnt er. Wahrscheinlich lässt er den Richter außen vor. Der Kläger, der jetzt den Angriff ausführt, geht direkter vor. Bezeichnend für die Veränderung im gesamten Verfahren ist, dass die Sprache aller Gerichtsadressen immer einfacher wird. Die alten Zeiten, in denen die Anwälte lateinische Predigten hielten, sind vorbei. Der Anwalt bezieht sich nicht mehr auf *nunc pro tunc* oder macht scherzhafte Witze in einer Sprache, die der Laie und wahrscheinlich auch das Gericht nicht versteht. Wenn ein Anwalt zu viele lateinische Zitate macht, geht das Gericht davon aus, dass er betroffen ist. Er muss einfach, direkt und auf den Punkt gebracht sein.

Seine Kunst bei der Darstellung seines Falles besteht darin, den Sachverhalt so anschaulich darzustellen, dass er den Geschworenen im Gedächtnis bleibt. Indem er bei der Gestaltung des Konzepts seine Vorstellungskraft einsetzt, bringt er es durch die feine Gabe, Worte und Ereignisse auszuwählen, der Jury nahe. Niemand, so heißt es, kann jemals durch Argumente überzeugt werden, aber jeder kann sich ein visualisiertes Bild von Worten vorstellen.

Der Anwalt beginnt, seine Gegner und deren Mandanten anzugreifen und zu beschimpfen, wobei er in seinem Zorn auch vergisst, dass Überredung nicht durch Denunziation erreicht werden kann. Die Mehrheit der Jury besteht aus eher lockeren, freundlichen Männern, denen es nichts ausmacht, wenn andere zu abscheulich dargestellt werden. Genauso wie Satire wirksamer ist als direkte Beschimpfungen, zieht es der tolerante Geschworene vor, die andere Partei auslachen zu lassen, statt sie zu beschimpfen.

Die Mandanten regen sich über ihr Unrecht auf und sind begeistert von den Reden ihrer Anwälte. Als der Fall abgeschlossen ist, sind sie äußerst überrascht zu sehen, wie die Männer, die ihre Fäuste geschüttelt haben und bereit waren, sich gegenseitig an die Kehle zu springen, leise die Arme ineinandergreifen und gemeinsam zum Mittagessen ausgehen. Das alles gehört zur Tagesarbeit und sie müssen sich für die nächste Prüfung wappnen. Der Schock ist etwa so, wenn nach einem Melodram die Heldin, nachdem sie über die Brücke gesprungen ist und in einem Strudel gestorben ist, ruhig herauskommt und sich trotz ihres Leidens lächelnd vor dem Vorhang verneigt.

Der Richter und die Geschworenen wissen, dass die Anwälte wieder zum Leben erwachen und nicht wirklich versuchen, sich gegenseitig umzubringen. Dies ist einer der angenehmsten Aspekte des Gerichtslebens. Zwischen den beiden Anwälten, die so hart gekämpft haben, herrscht ein gutes Miteinander. Sie haben sogar ein freundliches Gefühl gegenüber dem Richter, wenn er nicht auf der Bank ist.

Der Gerichtsdiener macht den Anwalt auf die Zeit aufmerksam, der mit einem Seitenblick auf die Uhr ebenfalls „den Fall selbstbewusst in Ihre Hände legt, meine Herren.“

Die beiden Anwälte setzen sich, der Richter setzt seine Brille auf, sammelt die Notizen, die er sich zu den Hauptpunkten des Prozesses gemacht hat, und beginnt mit der Anklageerhebung, indem er sich an die Geschworenen wendet.

DIE SCHWERE LADUNG

Nein, meine Dame, die Anklage des Richters bezieht sich nicht auf seine Spesenabrechnung oder sein Gehalt für die Verhandlung des Falles. Eine Anklage impliziert etwas Schweres, Schweres und Aggressives. Es ist das, was der Richter der Jury über den Fall erzählt. Es ist nie leichtfertig oder humorvoll, sondern schwerfällig und schwer zu verstehen. Die Türen des Gerichtssaals sind verschlossen, während der Anklage darf niemand ein- oder ausgehen.

Der Richter schaut die Geschworenen ernst an, die Geschworenen richten sich von der verzweifelten Haltung auf, die sie während der Ansprache des Anwalts allmählich angenommen haben.

Das Ende ist nahe und sie beginnen Hoffnung zu schöpfen. Sie wirken interessiert und in ihren Augen liegt ein Schimmer erwachter Intelligenz. Jetzt erfahren sie zumindest, was sie über den Fall wissen wollten. Der Richter wird ihnen wahrscheinlich etwas Neues erzählen und die Punkte klären, die sie nicht verstanden haben. Vielleicht wird er sogar erklären, warum er während des Prozesses diese seltsamen Entscheidungen getroffen hat und was diese mysteriöse Konferenz war, als er die Anwälte an seinen Schreibtisch rief und sie so lange miteinander redeten.

Der Richter beginnt: „Meine Herren der Geschworenen, der Kläger in diesem Fall möchte sich erholen", und dann erzählt er ihnen weiter, was der Kläger will, und das ist genau das, was ihnen der Anwalt des Klägers gesagt hat. Der Richter muss geschlafen haben, während er sprach, denn er sagt dasselbe noch einmal, nur in einer etwas anderen Sprache. Anschließend wird der Fall des Beklagten dargelegt. Auch das hat der Anwalt des Angeklagten gesagt. Es erscheint nicht vernünftig, dass sie gezwungen sind, sechsmal anzuhören, worum es in dem Fall geht. Es gab die beiden Eröffnungen des Anwalts zu Beginn, die beiden Zusammenfassungen am Ende und nun die beiden Erklärungen des Richters. Es sollte berücksichtigt werden, dass die Jury über ein wenig Intelligenz verfügt.

Anschließend erzählt der Richter noch einmal, was die Zeugen gesagt haben, nicht ganz so viele Worte, aber auf die wesentlichen Punkte eingehend. Das hat keinen Sinn. Die Geschworenen sind der Meinung, dass sie sich einigermaßen gut an das Gesagte erinnern sollten. Der Richter gibt es zu, nachdem er fertig ist, indem er selbst sagt: „Meine Herren, Sie müssen sich von Ihrer eigenen Erinnerung an die Aussage leiten lassen und nicht von dem, was eine der beiden Seiten in der Zusammenfassung oder vom Gericht gesagt hat." Wenn er damit meint, dass er hätte stillhalten und ihnen ihre eigene Erinnerung lassen sollen.

Dann fährt er fort: „Wenn Sie glauben, dass ein Zeuge vorsätzlich eine falsche Aussage über eine wesentliche Tatsache gemacht hat, können Sie die gesamte Aussage dieses Zeugen außer Acht lassen." Ist das natürlich nicht der Grund für ihre Anwesenheit? Der Richter legte ihnen zunächst den Eid ab, den Fall „auf der Grundlage der Beweise" zu entscheiden. Die Jury wird genau das tun. Sie werden entscheiden, welche Seite lügt und welche Seite die Wahrheit sagt. Sie sind nicht ganz so dumm, das nicht zu wissen. Es scheint nicht nötig zu sein, sie zu beleidigen, indem man ihnen sagt, dass sie einem Zeugen nicht glauben müssen, es sei denn, sie wollen es. Warum sind die hier?

Der Richter teilt ihnen mit, dass es die Aufgabe der Jury sei, über den Sachverhalt zu entscheiden, und dass er über das Gesetz entscheiden solle. Das ist ein Glück, denn sie könnten das Gesetz nicht verstehen, selbst wenn sie es wollten; Es ist eine dumme Angelegenheit und entspricht nicht dem gesunden Menschenverstand. Die Jury ist der Meinung, dass die Anklage des Richters ihnen die Entscheidung überlässt, ohne sich mit dem Gesetz zu befassen. Aber warten Sie einen Moment, der Richter wird ihnen nun erklären, wie das Gesetz auf den konkreten Sachverhalt angewendet wird, der ihnen vorliegt.

Der wichtige Rechtsgrundsatz, der ihnen vermittelt wird, ist das sogenannte Beweisüberwiegen und die Beweislast. Der Richter geht ausführlich auf die Beweiskraft ein. Das Gewicht der Beweise, sagt er, ist das Überwiegen der Beweise, und das Übergewicht der Beweise ist das Gewicht der Beweise, und der Mann, der die Beweislast trägt, muss das Gewicht der Beweise haben, und das Gewicht der Beweise ist das Übergewicht der Beweise auch auf den Mann, der die Beweislast trägt. Und das Überwiegen der Beweise bedeutet nicht, dass ein Beweis über einen vernünftigen Zweifel hinausgeht, wie bei Straftaten, sondern dass die Beweise auf der einen Seite schwerer sein müssen als auf der anderen und derjenige, der die Beweislast trägt, das Überwiegen der Beweise aufrechterhalten muss. Das ist das Gesetz; Der Richter hat es gesagt. Was es bedeutet, dass die Jury aufgibt. Die Anwälte nicken weise mit dem Kopf. Der Richter hat das Gesetz richtig dargelegt.

Der Richter geht vielleicht noch etwas weiter und erklärt ihm mehr über die Beweislast und das Überwiegen der Beweise. Er könnte sagen, dass die Beweiskraft nicht die Anzahl der Zeugen bedeutet. Die bloße Tatsache, dass eine Seite sechs hat und die andere Seite nur zwei, bedeutet nicht, dass die Jury der Seite glauben soll, die sechs hat. Die Geschworenen wissen, dass, wenn sie wahrscheinlich alle etwas übertreiben, sie darüber entscheiden werden , wie die Sache passiert ist. Dann sagt ihnen der Richter, nachdem er die Zeugen gesehen hat: „Damit sie über ihre Haltung im Zeugenstand und die Art und Weise, wie sie aussagen, nachdenken." Sicherlich werden sie das tun. Ist es nicht der beste Weg herauszufinden, ob ein Mann die Wahrheit sagt, indem man ihn ansieht und beobachtet, während er spricht? Es macht wenig Sinn, dass der Richter ihnen rät, seine Haltung im Zeugenstand zu berücksichtigen.

Der Richter sagt außerdem, dass sie sich bei der Urteilsfindung nicht von Sympathie oder Vorurteilen leiten lassen dürfen. Dies ist eine Warnung, die der Richter für notwendig hält. Er vergisst, dass sie genau das tun werden, was sie wollen, wenn sie im Geschworenenzimmer sind, mit verschlossenen Türen und niemand, der sie stört. Vorurteile und Mitgefühl sind etwas für unintelligente Menschen, die nicht wissen, worum es geht. Beide Anwälte haben der Jury erzählt, was für intelligente Männer sie waren, und es erscheint unnötig, dass der Richter sagt, dass sie sich nicht von Vorurteilen und Mitgefühl leiten lassen sollten . Angenommen, der Beklagte ist ein reiches Unternehmen, dann werden sie nicht dagegen vorgehen, weil es reich ist. Das Unternehmen kann den Verlust von ein paar Dollar aus eigener Tasche sowieso besser verkraften als der arme Mann. Nicht, dass sie sich aus diesem Grund entscheiden würden.

Während sich diese Beweise dafür häufen, dass der Richter ihre Geisteshaltung falsch verstanden hat, sinken die Geschworenen wieder in ihre Sitze zurück. Schließlich ist der Vorwurf des Richters nicht verständlicher als die meisten anderen Teile des Prozesses. Der rettende Punkt dabei ist, dass das Ende naht und sie bald weggehen, im Geschworenenzimmer eine Zigarette rauchen und anschließend nach Hause gehen können.

Während er Anklage erhebt, versteht der Richter ein wenig von dem, was in den Köpfen der Jury vorgeht. Er hat gesehen, wie der Funke des Interesses, der zu Beginn in den Augen der Jury gestanden hatte, allmählich verblasste. Er bemerkt, wie sie in resignierte Haltungen verfallen. Er ahnt, dass die guten alten juristischen Aphorismen, die er mit so viel Sorgfalt über die Beweislast, die Beweiskraft, die Glaubwürdigkeit von Zeugen und die Vorsicht vor Sympathie und Vorurteilen vorgetragen hat, die Geschworenen nicht sehr überzeugen können. Aber die Konventionen erfordern, dass er weitermachen muss.

„Meine Herren", sagt er, „ich muss Sie anweisen, jede Diskussion über einen Anwalt in Rechtsfragen oder Entscheidungen des Gerichts über die Ablehnung von Zeugenaussagen oder Entscheidungen über Anträge auf Abweisung oder Weisung aus Ihrem Kopf zu verbannen. Dabei geht es um Rechtsfragen." mit dem Sie sich derzeit nicht befassen. Bei Ihrer Urteilsfindung müssen Sie nur die Beweise berücksichtigen."

Vielleicht kommt sich der Richter ein wenig dumm vor und wird daher nachdrücklicher und feierlicher. Er definiert sorgfältig und sorgfältig das Gesetz der Fahrlässigkeit. Er erklärt ihnen, dass das Gesetz der Fahrlässigkeit zwei Grundprinzipien beinhaltet. „Erstens muss der Kläger nachweisen, dass der Beklagte durch seine Mitarbeiter Fahrlässigkeit begangen hat, dass er es versäumt hat, als umsichtiger und sorgfältiger Mann zu handeln; zweitens muss der Kläger nachgewiesen haben, dass er frei von Mitverschulden ist; es sei denn, die Jury Ich finde, dass der Kläger beides nicht zurückgewinnen kann. Dann wirft er vielleicht etwas mehr über die Beweiswürdigung dieser Einzelheiten ein. „Wenn die Jury feststellt, dass der Kläger fahrlässig gehandelt hat und der Beklagte fahrlässig gehandelt hat, müssen sie ein Urteil zugunsten des Angeklagten fällen. Wenn sie feststellen, dass der Kläger nicht fahrlässig gehandelt hat und der Beklagte fahrlässig gehandelt hat, können sie ein Urteil zugunsten des Klägers fällen, sofern sie dies tun usw. usw. Sollten sie andernfalls feststellen, dass der Kläger nicht fahrlässig gehandelt hat und der Unfall nicht auf die Fahrlässigkeit des Beklagten zurückzuführen ist, müssen sie erneut für den Beklagten feststellen, oder noch einmal – „aber die Jury ist zu diesem Zeitpunkt erschöpft . Die Alternativen interessieren sie nicht. Der Richter weiß vielleicht, wovon er spricht, aber er weiß es nicht. Die interessante Frage ist, wie viel sie dem Kläger geben werden.

Der Richter wird schließlich erschöpft, eine Art Selbsthypnose setzt ein. Er erinnert sich an so viele Phrasen und Rechtsgrundsätze, die er aussprechen könnte, dass sein Gehirn hinsichtlich der Auswahl verwirrt ist. Es gibt eine Menge Anklagen gegen Geschworene, die er mehr oder weniger auswendig gelernt hat. Es gibt so viele glitzernde und vage Allgemeingültigkeiten über das Gesetz der Fahrlässigkeit, das Vertragsrecht, das Beweisrecht, die Beweislast oder die Aussagekraft, dass er endlos weitermachen könnte. Die Jury hat aufgehört zu verstehen, und der Richter erkennt die Hoffnungslosigkeit dieser Situation und sagt schließlich: „Also, meine Herren, unter Berücksichtigung dessen, was ich Ihnen gerade gesagt habe, und der Beweise im Fall, werden Sie sich zurückziehen und über Ihr Urteil nachdenken." "

Die Geschworenen beginnen, ihre Hüte und Mäntel einzusammeln, als einer der Anwälte aufspringt und sagt: „Einen Moment bitte. Ich bitte Sie um Anklage, wenn die Geschworenen feststellen, dass es sich bei der Kuh, die im Garten des Klägers war, um eine weiße Kuh handelte keine rote Kuh, dann muss ihr Urteil zugunsten des Angeklagten ausfallen." „Das behaupte ich", sagt der Richter. „Ich gehe davon aus", sagt der andere Anwalt, „und ich bitte Euer Ehren, den Geschworenen vorzuwerfen, dass ihr Urteil zugunsten des Klägers ausfallen muss, wenn sie glauben, dass die Kuh Eigentum des Angeklagten war." „Ich weigere mich, mit diesen Worten Anklage zu erheben", sagt der Richter, „es kann sein, dass es keine Kuh gab oder dass er den Kohl nicht gegessen hat." Oder der Anwalt der Eisenbahn könnte den Richter fragen: „Wenn die Jury feststellt, dass der Fahrer zwölf Meter von den Gleisen entfernt war und das Auto dreißig Meter von der Ecke Seventy-eighth Street entfernt war, als er das Auto zum ersten Mal sah, und der Wagen fuhr mit hoher Geschwindigkeit, und der Schaffner klingelte, und der Fahrer saß auf der rechten Seite des Wagens und hätte den Wagen vielleicht gesehen, wenn der Wagen 30 Meter unter der Ecke gestanden hätte, dann in diesem Fall Ich bitte Euer Ehren, den Geschworenen mitzuteilen, dass der Kläger Mitverschulden begangen hat und keine Entschädigung erhalten kann."

Die Frage ist zweifellos ein Poser. Der Richter ist offensichtlich besorgt; Wenn er eine falsche Vermutung anstellt und zu diesem Zeitpunkt „Ja" oder „Nein" sagt , kann das Berufungsgericht sagen: „Fehler, Urteil aufgehoben, neues Verfahren angeordnet." Was passiert, ist, dass der Richter ein Risiko eingeht. Der Anwalt sagt: „Ich verweise Sie auf 169 New York Court of Appeals Reports, Seite 492; im Fall Jones *vs.* Metropolitan sagte das dortige Gericht, dass die Weigerung, eine solche Anklage zu erheben, ein umkehrbarer Fehler sei." Der Richter sieht weise aus und sagt schließlich „Ja". Darin liegt ein wenig politisches Spiel; Er hat möglicherweise darüber nachgedacht, wie die Jury entscheiden wird, und ist sich darüber im Klaren, dass die von ihm erhobenen Gebühren keinen Unterschied machen. Er geht auf Nummer sicher und verlangt, was die Verliererseite verlangt.

Diese Gebührenanträge können mit Entscheidungen und Ausnahmen auf unbestimmte Zeit hin und her gehen. Jeder Anwalt kann von einem Teil der Anklage des Richters absehen und ihm damit mitteilen, dass er im Berufungsverfahren möglicherweise rückgängig gemacht wird, wenn er sich nicht beeilt und sie ändert . Aus diesem Grund hat die Anklage des Richters keine große Wirkung. Er muss zu vorsichtig sein.

Im Bundesstaat New York kann der Richter nicht sagen , was er über den Fall denkt. Mit anderen Worten: Die Gebühr muss unbefristet sein. In England und vor den Bundesgerichten dieses Landes kann der Richter seine Meinung darüber, wie der Fall entschieden werden soll, rechtmäßig äußern, aber das ist alles, was er tun kann. Die Unterscheidung ist ein Überbleibsel aus der alten Zeit des Geschworenensystems, als die Richter die Geschworenen einsperrten, bis sie zu dem Ergebnis gelangten, dass das Gewünschte vorliegt. Jetzt kann der Richter nur noch eine Präferenz äußern und die Jury kann tun, was sie will. In manchen Gerichten geht die demokratische Vorstellung von der Unabhängigkeit des Geschworenen so weit, dass dem Richter nicht erlaubt wird, etwas Konkretes zu sagen.

Das Ergebnis ist, dass die Jury verwirrt ist. Sie sind in der Regel so unabhängig, dass die Anklage des Richters keinen großen Einfluss auf sie hat.

Die Kunden sitzen völlig verwirrt da; Sie hören, wie der Richter weise sagt: „Ich denke vielleicht ja, aber im Großen und Ganzen ist es vielleicht nein", und als er fertig ist und nicht so viel versteht wie die Jury, halten sie die Anklage des Richters für sehr fair. Obwohl ich nur wenig Wichtiges gesagt habe, ist es wahrscheinlich so.

Die kontinentale Methode ist so völlig anders, dass es schockierend ist. In den Gerichten in Frankreich sagt der Richter praktisch zu seiner Anklage: „Sie haben die Beweise gehört, jetzt gehen Sie raus und tun Sie, was richtig ist." Dies verdeutlicht erneut den Unterschied zwischen der alten und der neuen Vorstellung von Gerichten. Das Alte ist ein Schlachtfeld, auf dem die Themen definiert werden, die Gerichte in engen Grenzen gehalten werden und die Regeln des Gerichtsverfahrens strikt eingehalten werden, während das Moderne lediglich die Untersuchung eines Streits ohne den Glamour eines Wettbewerbs darstellt. Es handelt sich um eine Untersuchung von Tatsachen, die, so bitter die persönliche Feindseligkeit auch sein mag, niemals den Hauptgedanken aus den Augen verlieren sollte, auf eine Weise, die dem gesunden Menschenverstand entspricht, zur klaren Wahrheit zu gelangen .

Endlich schweigen die Anwälte, der Prozess ist beendet, der Richter fragt geduldig, ob es noch weitere Anklageanträge gibt, und da keine weiteren vorliegen, wendet er sich an die Jury und sagt: „Meine Herren, Sie werden sich zurückziehen und über Ihr Urteil nachdenken. " Langsam begeben sie sich, geleitet vom Gerichtsdiener, in den Geschworenenraum.

DAS WAHRE URTEIL

Die Wahrheit ist gesagt. Der Kampf ist vorbei und die Mächtigen haben gesiegt. Die Entscheidung ist gefallen. Die göttliche und zwingende Gerechtigkeit steht kurz davor, ihr Urteil zu verkünden. Die Wahrheit will ans Licht kommen und die Geschworenen haben an die Tür des Raumes geklopft, in dem sie so viele Stunden lang eingesperrt waren. Der Gerichtsdiener, der wie ein Wächter draußen gestanden hat, um die Annäherung von Lauschern und Zuhörern zu verhindern, dreht den Schlüssel um, steckt seinen Kopf in den Raum, zieht sich zurück, verschließt die Tür wieder und schickt los, um den Richter zu holen.

Der Richter war in seinen Räumen, ruhte sich aus und genoss eine Zigarre. Aus Höflichkeit heißt es immer, dass sich der Richter, wenn er nicht im Amt ist, in einer Kammer aufhält – andere würden es vielleicht einen Raum mit einem Schreibtisch nennen, aber die Würde, die einen Richter umgibt, erstreckt sich sogar auf den kahlen Büroraum, in dem er sitzt. Die Benennung erfolgt im Plural, auch wenn es sich nur um einen gewöhnlichen Raum handelt. Er wirft seine Zigarre weg. Die Anwälte oder ihre Assistenten, die im leeren Gerichtssaal herumlungern, miteinander klatschen und versuchen, den Aufdringlichkeiten ihrer Mandanten zu entgehen, die darauf bestehen, mit ihnen über den wahrscheinlichen Ausgang zu spekulieren, wurden in die Anwaltskammer zitiert. Der Richter nimmt auf der Richterbank Platz. Die vom Gerichtsbeamten zusammengestellten Geschworenen treten ein. Sie stehen in einer Reihe in der Geschworenenloge.

„Meine Herren", sagt der Richter, „haben Sie sich auf ein Urteil geeinigt?" „Das haben wir", antwortet der Vorarbeiter der Jury.

Als die Geschworenen zum ersten Mal im Geschworenensaal eingesperrt wurden, haben sie sich nach der langen Anspannung des Prozesses wahrscheinlich sofort entspannt. Sie hatten ein Recht darauf, eine Zigarette zu rauchen und sich wohl zu fühlen. Außerdem wissen sie, dass sie mit einem anderen Fall befasst werden, wenn sie ihre Beratungen zu früh abschließen . Es war fast zwei Uhr, als der Richter seine Anklage beendete, also haben sie noch jede Menge Zeit zu verschwenden; denn wenn sie vor drei Uhr in den Gerichtssaal zurückkämen, würden sie zu einem weiteren Verfahren verurteilt.

Sie haben eine Strohabstimmung durchgeführt, um herauszufinden, wie die Stimmung steht, nicht in der Hoffnung, zu einer Entscheidung zu kommen, sondern indem sie die Sache ausprobieren. Das Ergebnis beträgt neun für den Kläger und drei für den Beklagten. Sie zünden ihre Zigarren an, denn sie sind bestens auf die ermüdenden Stunden im Geschworenenzimmer vorbereitet.

Die neun Männer schauen die anderen drei angewidert an, die drei schauen die neun mit Verachtung an und dann beginnen sie zu streiten. Die Beratungen der Jury sind stets geheim, ihre Vorgehensweise ist ungewiss und nur das Ergebnis ihrer Beratungen erscheint vor Gericht. Dennoch ist es nur vernünftig, darüber zu spekulieren, wie sie zu ihrem Urteil gekommen sind. Ihr Urteil ist der Höhepunkt des Dramas, das Ziel des Rennens, die Verleihung des Sieges. Eine Seite muss gewinnen und die andere besiegt werden. Die Psychologie der Jury bei der Urteilsfindung ist das große Geheimnis und das größte Interesse des Prozesses. Der Richter weiß es nicht, die Anwälte können es nicht verstehen. Es besteht ein gewisser Respekt vor der unantastbaren Privatsphäre eines Geschworenenzimmers. Wenn Prozessanwälte die Methode verstehen könnten, mit der sie zu ihrer endgültigen Aussage kommen, wären sie weitaus besser gerüstet, als wenn sie sich jahrelang mit dem Gesetz befasst hätten.

Es stellt sich die Frage, ob sich ihre Handlungen von denen gewöhnlicher Männer außerhalb eines Gerichtssaals unterscheiden. Sie haben den einschränkenden Einfluss einer unbequemen und auffälligen Position verlassen und sind wieder in die Geisteshaltung der Alltagswelt eingetreten. Die Kontrolle des Richters ist verschwunden. Die Anwälte sind nur Erinnerungen. Sie sind zu einfachen Geschäftsleuten geworden, die etwas Bestimmtes zu tun haben. Sie wissen nicht, wie es geht, und die Diskussion beginnt eher oberflächlich.

„Nun, wir sollten dem Jungen etwas geben."

„Mir gefällt das Aussehen dieses letzten Zeugen nicht."

„Der Anwalt des Angeklagten war zu schlau."

„Aber glauben Sie, dass der Fahrer versucht hat, ihn abzuschneiden?"

„Er konnte nicht sechs Wochen lang im Bett gelegen haben."

„Kein Mann würde mit einem schmerzenden Knie so lange im Bett bleiben."

„Na ja, er meinte nur, dass es ihm um das Haus ging."

„Dieser Arzt war großartig. Er liebte es, diese Bedingungen zu umgehen; er muss gerade sein Krankenhausstudium abgeschlossen haben."

„Haben Sie gehört, wie der Anwalt in einem Fall, den er in Brooklyn verhandelte, sagte, er habe siebzehn dieser Experten gehabt?"

„Nun, lasst uns noch einmal abstimmen und sehen, ob wir nicht zusammenkommen."

„Ich kann nicht den ganzen Tag hier bleiben. Ich muss um vier Uhr etwas Wichtiges abschließen."

„Du bleibst hier, wenn es sein muss; wir wollen, dass die Sache richtig geregelt wird."

Es findet eine weitere Abstimmung statt. Das Ergebnis ist dasselbe und die beiden Seiten nehmen nach und nach gegensätzliche Positionen ein. Jeder nimmt einen Anführer und Sprecher; Die Diskussion findet wahrscheinlich zwischen diesen beiden und einem gelegentlichen Zwischenwurf der anderen statt. Mittlerweile ist der Streit angespannter geworden, und nach einer halben Stunde sind die ursprünglichen Argumente des Anwalts, die Beweise und die Anweisungen des Richters in den Köpfen der Geschworenen mit dem verschmolzen, worüber im Geschworenensaal gesprochen wurde. Die Erinnerung jedes Jurors umfasst auch die Erinnerung an die Diskussion, die er führt. Das mentale Bild ist nun eine Kombination dessen, was jeder Zeuge gedacht hat, jeder Anwalt es sich ausgedacht hat, wie der Richter es beschrieben hat, was sie sich während des Prozesses vorgestellt haben, und zu dem mentalen Konzept kommt noch der aktuelle Kampf zwischen zwölf Standpunkten hinzu.

Sie erinnern sich nicht daran, was der Richter ihnen zu ihrem Urteil gesagt hatte. Angenommen, sie schicken ihn los und fragen ihn. Nein, sie wollen nicht wie Idioten dastehen. Es ist schlicht. Ihr Urteil muss für den Kläger oder den Beklagten ausfallen. Aber wie soll in diesem Vertragsfall, in dem die Gegenseite etwas vom Kläger zurückverlangt, ein Urteil für beide Seiten herbeigeführt werden? Sie können in beiden Richtungen kein Urteil finden. Sie sollten besser losschicken und den Richter fragen. Nein. Dann werden sie die Schriftsätze holen, sie werden sie zeigen.

„Was", sagt ein Geschworener, „glauben Sie, dass diese Schriftsätze irgendetwas zeigen würden, was ein vernünftiger Mann verstehen könnte?"

Sie kommen zu dem Schluss, dass es einen Gesetzentwurf gab, der die Geschichte erzählte. Sie klopfen an die Tür. Der Gerichtsdiener öffnet es. Sie erklären es, er versammelt die Anwälte und sie gehen zum Schreibtisch des Richters. Es gibt einen Nervenkitzel. Die Jury hat so schnell zugestimmt, dass es ein Urteil für den Kläger bedeuten muss. Wären sie länger ausgefallen, hätte es zu Meinungsverschiedenheiten oder einem Urteil für den Angeklagten geführt. Je länger die Geschworenen ausbleiben, desto besser für den Angeklagten, meint der Anwalt. Das Vorgehen der Jury ist jedoch ungewiss und es gibt möglicherweise keine Regel für die Entscheidungsfindung.

Es gibt die Geschichte des Richters, der nach längerer Abwesenheit der Jury mit dem Stenographen eine Wette abschloss, wie die Jury entscheiden würde. Der Richter hielt sich für einen Experten bei der Festlegung der wahrscheinlichen Urteile der Jury. Nachdem sie hereinkamen, ihre Entscheidung verkündeten und entlassen wurden, sah der verlorene Richter niedergeschlagen aus. Der Stenograph lächelte. Dann erholte sich der Richter.

„Sie gewinnen", sagte er, „aber das nächste Mal, wenn Sie und ich auf eine Entscheidung wetten, wird es einer unserer Fälle ohne Jury sein."

Der Gerichtsdiener fragt nach der Rechnung und kehrt in den Geschworenenraum zurück. Das Gericht verfällt in Wartelethargie. Nachdem die Jury über ihre Informationen verfügt, führt sie die Diskussion voraussichtlich wie folgt fort.

„Klar, ich habe dir gesagt, dass die Seide vierhundert Dollar wert ist."

„Nun, ich kenne solche Leute . Sie sind kleine Leute und haben in ihrem ganzen Leben noch nie so viele Geschäfte gemacht, geschweige denn in einem Monat." Oder,

„Kennen Sie diese Gegend nicht? Alle Autos beschleunigen, wann immer sie dort ankommen."

„Na ja, gestern bin ich aus einem Auto ausgestiegen und der Schaffner klingelt usw. usw."

„Nein, ich habe keine Vorurteile gegen die Eisenbahn; ich habe nichts gegen die Eisenbahn."

„Natürlich werden wir diesen Fall nicht aufgrund von Sympathie oder Vorurteilen entscheiden. Aber dieser Junge ist Ire und er sieht aus, als stamme er von guten, ehrlichen Leuten ab."

„ Vy , ich sehe keinen Unterschied, ob er Ire oder Jiddisch ist; Vot ve vant ist Gerechtigkeit."

„Sehen Sie, mein Freund, wenn Sie denken, dass Sie daraus eine Rassensache machen wollen, irren Sie sich. Nur weil dieser Junge Ire ist, müssen Sie nicht denken, dass er nichts bekommen sollte. Sie haben Vorurteile, das ist es du bist."

„Oh, kommen wir trotzdem zur Beweislage; wir wollen eine Entscheidung treffen."

„Vel, der Autofahrer ist ein Ire, wovon sprichst du?"

„Sicher, aber er musste sagen, was er getan hat. Musste er nicht seinen Job bei der Firma behalten?"

Der Rest der Jury sinkt resigniert und mutlos zurück. Sie werden nie rauskommen. Einer von ihnen wagt es.

„Der Richter sagte uns, dass das Gesetz …"

Er wird unterbrochen.

„Oh, das Gesetz interessiert uns nicht so sehr. Was wir tun wollen, ist, das Richtige zu tun."

Irgendwo, irgendwie und auf unverständliche Weise wird das Urteil gefällt. Wenn die Jury um weitere Anweisungen bittet, geht sie zurück in den Gerichtssaal, und der Richter klärt das verborgene Geheimnis des Gesetzes auf die gleiche Weise auf, wie er es in seinem Auftrag getan hat. Unzufrieden kehren sie wieder zurück und nehmen die Diskussion wieder auf.

Der dramatischste Moment im Prozess ist, als der Beamte hereinkommt und verkündet, dass die Jury zugestimmt hat. Während sie langsam einmarschieren, beobachten sie der Gefangene oder die Beteiligten mit herzzerreißenden Augen; die Anwälte mit ängstlicher Erwartung. Es liegt ein elektrischer Nervenkitzel in der Luft. Auf mysteriöse Weise wird ihr Urteil bekannt, bevor der Vorarbeiter spricht. Nennen Sie es Gedankenübertragung, Gedankenlesen oder wie Sie wollen, aus ihren Gesichtern und der Art, wie sie hereinkommen, lässt sich ein schnelles Verständnis ablesen, und ihre endgültige Aussage ist nur eine Bestätigung dessen, was erwartet wurde.

Die Jury hat gesprochen, der Anwalt, der verloren hat, beantragt, das Urteil aufzuheben. Die Jury sieht erschrocken aus. Ist es möglich, dass der Richter nach all dieser Verhandlung und all dieser Beratung die Sache noch einmal auf den Kopf stellt und den langen Ärger hinter sich lässt? Der Richter lehnt den Antrag ab oder geht davon aus. Nur in seltenen Fällen hebt er das Urteil sofort auf. Das Urteil muss empörend, absurd, eindeutig ein Kompromiss oder absolut und schockierend gegen den gesunden Menschenverstand gewesen sein. Die Rechtstheorie besagt, dass das Urteil einer Jury ein endgültiges Urteil über die Tatsachen durch die besten Sachverständigen ist. Es wird nicht leichtfertig oder aus geringfügigen Gründen eingegriffen werden.

Die Frage nach dem Glauben an das Geschworenensystem ist eine der aussichtslosesten aller großen Fragen. Erstens ist das Geschworenenverfahren so tief in der Verfassung verankert, dass man genauso gut fragen könnte: „Glauben Sie an die Staatsbürgerschaft?" „Glauben Sie an die Vereinigten Staaten von Amerika?" Zweitens ist das Schwurgerichtsverfahren so vollständig in das gegenwärtige System der Gerichtsverhandlung und des Gerichtsverfahrens eingebunden, dass sie untrennbar miteinander verbunden sind. Die Übel des Ganzen hängen mit dem Teil zusammen, und der wohltätige Aspekt der Gerichte gilt gleichermaßen für Geschworenenprozesse.

Wenn wir uns auf einen konkreten Fall konzentrieren und das abstrakte Prinzip dem Theoretiker überlassen, gibt es bestimmte offensichtliche Argumente für und gegen ein Schwurgerichtsverfahren. Die Jury vertritt die Meinung des einfachen Mannes – der *Vox Populi*. Zwölf zufällig ausgewählte Männer sind wahrscheinlich weder alle Kapitalisten noch alle Arbeiter. Sie bestehen aus einigen von beidem, aber die Mehrheit, wenn nicht alle, sind kleine Handwerker oder die große Mittelschicht. Diese Männer sind nicht unwissend, voreingenommen oder unintelligent. Sie verfügen über eine begrenzte Erfahrung, aber ihr Urteil ist das Urteil der Mittelmäßigkeit, und Mittelmäßigkeit ist das, was gewollt ist. Für den besonderen Grad der Verwaltung wird der Fachmann, der Experte, der Spezialist benötigt, aber für die Feststellung des tatsächlichen Rechts und der Gerechtigkeit ist der Instinkt des einfachen Mannes erforderlich – der schlichte, gewöhnliche gesunde Menschenverstand.

Wenn der Kriminelle sagt: „Bei einer Jury habe ich bessere Chancen"; Wenn der Zivilist sagt: „Wenn ich das falsche Ende des Stocks hätte, gib mir eine Jury", appelliert er nicht an die falsche Seite des Jurysystems, sondern an eine Qualität, die nicht immer anerkannt wird.

Das Gesetz ist eine genaue, eindeutige Festlegung von Grundsätzen, absolut und scheinbar unveränderlich. Wenn ein Mann auf der Straße auf einen anderen zugeht und ihn mutwillig beleidigt, muss sich der Beleidigte laut Gesetz umdrehen und weggehen. Wenn die Angelegenheit vor ein Geschworenengericht käme , würden sie ihn niemals dafür verurteilen, dass er den anderen sofort niedergeschlagen hat. Das Geschworenensystem ist die Milderung des Gesetzes.

RÜCKWÄRTSBLICK

Auszüge aus der Abschlussarbeit eines Columbia JE nach Erhalt seines Abschlusses als Rechtsexperte im Jahr 1947.

Die historische Untersuchung veralteter Bräuche ist von geringem Wert, außer der Bewahrung einiger Aufzeichnungen dessen, was bald in Vergessenheit geraten könnte.

Im Jahr 1947 scheint es fast unglaublich, dass die allgemeine Nutzung von Justizkörperschaften durch die Öffentlichkeit eine Folge des jüngsten Wirtschaftswachstums gewesen sein sollte. Es ist interessant, ihre Entwicklung und die sozialen Ursachen, aus denen sie hervorgegangen sind, zu verfolgen.

Die effiziente Verwaltung dieser Genossenschaften, die sich in ihrem finanziellen Erfolg zeigt, macht es unnötig, sich mit den Einzelheiten ihrer intensiv entwickelten Organisation zu befassen. Da sie auf einem so umfassenden Verständnis der gesamten kommerziellen und sozialen Strukturen basieren, ist es kein Wunder, dass sie ihren Wert für die Gemeinschaft unter Beweis gestellt haben. Ihre hochspezialisierten Abteilungen für Angelegenheiten, Ermittlungen, Gesetzesrecht, Aufzeichnungen, Feststellung und Ergebnisse entsprechen in gewissem Maße der früheren Verfahrensmethode in den ausgestorbenen Gerichtshöfen. Die Zeiten haben sich tatsächlich geändert.

Die Analogie zwischen den gegenwärtigen Methoden und den veralteten und konventionalisierten Bräuchen dieser schwerfälligen und unzureichenden Institutionen ist nicht schwer zu finden. Die Abteilung „Angelegenheiten" entspricht beispielsweise den sogenannten Schriftsätzen einer Klage. Früher handelte es sich hierbei um Papierstücke, deren Form durch unflexible Regeln geregelt war, statt der effizienten Methode, mit der unter den geschulten Managern fähiger Köpfe die strittigen Angelegenheiten, seien es Tatsachen oder Rechtsfragen, jetzt auf genaue Differenzpunkte eingegrenzt werden. Natürlich ist die Arbeit dieser Abteilung nicht so schwierig, wie bei der ersten Gründung der Justizkorporationen erwartet wurde, da ihre Manager nicht an äußere Regeln gebunden sind und über große Erfahrung und Fingerspitzengefühl verfügen.

Die Abteilungen „Ermittlung" und „Gutachter" entsprechen der früheren Aufteilung der Gerichtsverfahren, die als Beweismittel und Zeugenaussagen bekannt ist. Jede Erklärung dieses Zweigs eines vergessenen Formalismus wäre zwecklos. Die alten Regeln der Beweisführung und des Gerichtsverfahrens konnten nur von Zeitgenossen verstanden werden und eine umfangreiche Forschung hat nicht einmal für sie zu sehr klaren

Konzepten geführt. Die modernen Methoden der Abteilungen zur Ermittlung von Fakten, entweder durch die Erfahrung der Abteilungsmitarbeiter oder die effiziente Arbeit geschulter Ermittler, wurden natürlich durch die Erfindung des Viviphones, das die gesamte Kommunikation angemessen und einfach macht, erheblich unterstützt .

Die Abteilungen für Statutory Law und Records behalten noch gewisse Merkmale einer Zeit bei, in der Justizbeamte und Gerichtsschreiber für die Öffentlichkeit die Verkörperung dessen darstellten, was als „Bürokratie" bekannt war, eine echte Umgangssprache, die die Haltung des offiziellen Konservatismus beschreibt. Diese nach modernsten bibliographischen Methoden verwalteten Abteilungen haben lediglich ergänzenden Referenzwert. Die Vereinfachung und nationale Vereinheitlichung der Bundes- und Landesgesetze hat natürlich die Möglichkeiten dieses Geschäftszweigs erheblich erweitert.

Zunächst galten die Abteilungen „Bestimmung" und „Ergebnis" als vorrangig. Da sie in ihren Funktionen den früheren ausschließlich gerichtlichen Qualitäten der Gerichte und deren endgültigen Urteilen entsprachen, setzte die übertriebene Bedeutung, die diesen Funktionen zuvor beigemessen wurde, eine entsprechende Notwendigkeit in dieser Unterteilung der Unternehmensleitung voraus. Dies erwies sich als falsch. Es wurde festgestellt , dass der Streit nach einer sorgfältigen Eingrenzung und Eingrenzung der Streitsache durch die Problemabteilung und einer gründlichen und sorgfältigen Sichtung der Fakten durch die Sachverständigen- und Ermittlungsabteilungen allmählich, wenn nicht sogar vollständig, verschwand. Männer von höchstem Charakter und höchstem Kaliber , die zu hohen Gehältern als Leiter dieser Abteilungen angestellt wurden, haben eine angemessene Befriedigung erbracht, wie der Wohlstand der Unternehmen beweist. Die Vergütung der Leiter dieser verschiedenen Abteilungen, die Männer mit größtem kaufmännischen Verständnis erfordern, soll in einigen Fällen fabelhaft sein.

Im ersten Viertel dieses Jahrhunderts und tatsächlich in der zweiten Hälfte des 19. Jahrhunderts bewegten die Unterströmungen vieler Bewegungen bereits die Oberfläche des ruhigen Stroms, in dem so viele Jahrhunderte lang der Lauf der Gerechtigkeit geflossen war. Diese merkwürdigen Relikte eines noch so jungen Mittelalters, der Gerichtshöfe, bewahrten viele der Formen, Merkmale und Gebräuche einer Zeit, als Ritter in Plattenrüstungen kämpften und sich der Nachahmung des Kampfes hingaben, angespornt durch der Glanz der Ritterlichkeit. Schon die Begriffe und die juristische Ausdrucksweise jener Zeit deuteten auf die Turniere, Turniere und Kampfproben eines romantischen und selbsttäuschenden Zeitalters hin.

Der weltweite Weltkrieg, der zu einem solch gewaltigen Wandel sozialer und wirtschaftlicher Werte führte, trug natürlich zur Zerstörung und Aufgabe alter Formen und Strukturen bei. Doch bereits vor dem Krieg und der so schnell darauf folgenden wirtschaftlichen Revolution hatten die Tendenzen zu einer vernünftigeren Behandlung der Frage begonnen.

Ebenso wie die ausgestorbene Klasse der sogenannten Ärzte und Ärztinnen, die nun in den öffentlichen und privaten Gesundheitsgesellschaften zusammengelegt wurden, verloren auch die sogenannten Rechtsberufe oder Männer, die als Anwälte und Richter bekannt sind, allmählich ihre Eigenschaften als Klasse und hatte sich Schritt für Schritt zu Geschäftsleuten entwickelt.

Eine der frühesten Veränderungen war das Verschwinden der sogenannten Immobilienanwälte. Bis etwa 1890 gab es noch Angehörige der Anwaltschaft, die ihren Lebensunterhalt mit der Prüfung von Grundeigentumstiteln bestritten. Die offensichtlichen Vorteile einer umfassenden Titelprüfungsanlage durch große Unternehmen, die als Titelversicherungsgesellschaften bekannt sind, machten diese spezielle Unterteilung bald überflüssig.

Die nächste wichtige Änderung erfolgte auf merkwürdige Weise unter dem Ruf nach dem, was damals als soziale Gerechtigkeit bekannt war – ein vager Begriff, der damals von vielen sogenannten „Reformern" befürwortet und von der Kapitalistenklasse ignorant abgelehnt wurde, ohne dass ein klares Verständnis dafür bestand was gemeint war. Man erkannte so wenig über den wirtschaftlichen und effizienten Wert einer Versicherung gegen Zufall, dass der Beginn der Bewegung abgelehnt wurde. Die Bewegung führte zu bestimmten offensichtlichen Veränderungen, die rückblickend unvermeidlich und natürlich erschienen. Dabei handelte es sich um das sogenannte allgemeine Arbeitgeberhaftpflichtgesetz . Das Prinzip erstreckte sich bald auf alle Arten von Unfällen und führte zur Verabschiedung von Gesetzen, die durch das enorme Wachstum der Unfall- und Unfallversicherungsunternehmen angekündigt worden waren. Angefangen mit Gesetzen, die den Arbeitgeber für Unfälle haftbar machten, und später zur Arbeitsversicherung, wurde es nach und nach auf Unfälle jeglicher Art ausgeweitet, einschließlich Verletzungen durch Reisen mit öffentlichen Verkehrsmitteln und die gewöhnlichen Wechselfälle des Lebens.

Das Ergebnis der staatlichen Versicherung gegen Fahrlässigkeit und Verletzungen jeglicher Art war, dass alle Ansprüche auf Verletzungen vom Staat reguliert wurden und die Anwälte, die davon lebten, die Vernachlässigung oder das Unglück anderer zu verfolgen, nach und nach ausstarben. Unter dem Begriff „Krankenwagenjäger" war ein bestimmter besonderer und auffälliger Typus bekannt – die genaue Ableitung des

Begriffs war 1947 noch nicht ganz klar, stand aber wahrscheinlich im Zusammenhang mit einem veralteten Rechtsbrauch, Verwundeten zu helfen – und verschwand sehr bald.

Die Fälle, die sich aus allen Handelsstreitigkeiten ergaben, wurden weniger zahlreich, da der offenere und intelligentere Umgang in der Wirtschaftswelt bessere und ehrlichere Geschäftsstandards hervorbrachte. Doch lange vor dem Verschwinden des sogenannten Wirtschaftsanwalts gibt es Hinweise darauf, dass die ehemaligen Gerichtshöfe, noch bevor sie vollständig aufgegeben wurden, teilweise in Verfall geraten waren. Streitigkeiten größeren Ausmaßes gelangten offenbar nie vor die Gerichte. Und die von den Gerichten aufgestellten Rechtsnormen hatten so wenig Bezug zu den Maßstäben, nach denen der tatsächliche Welthandel abgewickelt wurde, dass nur wenig auf die Schlichtung des Verfahrensrechts vor Gericht zurückgegriffen werden konnte.

Der völlige Wandel der persönlichen und häuslichen Beziehungen und die größere Freiheit vom Institutionalismus halbzivilisierter Gemeinschaften, z. B. die Aufhebung aller Scheidungsbeschränkungen, beseitigten natürlich die Art von Rechtsstreitigkeiten, die in bestimmten Gerichten auftraten und sich mit ehelichen oder ehelichen Gemeinschaften befassten persönliche Beschwerden.

Was die sogenannten Strafverteidiger und Strafgerichte betrifft, so macht die frühere unterschiedliche Haltung der Öffentlichkeit gegenüber unglücklichen Betroffenen die Existenz einer solchen Klasse oder solcher Institutionen nahezu unglaubwürdig. So wie es heutzutage undenkbar ist, dass wir Männer und Frauen, die geistig oder sozial krank sind, in unhygienische Gefängnisse werfen sollten, so ist es auch schwer zu begreifen, dass es in der unintelligenten Zeit, von der wir sprechen, ja über viele Jahrhunderte hinweg, Menschen gab, die weiterlebten ihr Unglück.

Mit dem Verschwinden von Prozessen und Anwälten tolerierte die Öffentlichkeit natürlich die Existenz von Richtern und Gerichten nicht mehr. Einige Jahre lang hielten sie die Vorstellungskraft eines kleinen Teils der Bürger im Griff, die eine sentimentale Wertschätzung für die staatlichen Institutionen einer Zivilisation hegten, die auf den unsicheren Lehren der Doktrinäre des 18. Jahrhunderts beruhte.

Die Zeit der Aufgabe der alten Höfe korrespondierte mit der außergewöhnlichen Entwicklung dessen, was man „bewegte Bilder" nannte; diese blassen, leblosen Darbietungen ohne Farbe, Sprache oder Substanz, bei denen sich die Menschen eines nächtlichen Zeitalters zum Vergnügen oder zur Unterhaltung versammelten! Es erfordert Vorstellungskraft, sich vorzustellen, dass die Menschen nicht mit der Leichtigkeit vertraut waren, mit jedem Ort auf der Welt zu kommunizieren und durch Betätigen eines

Schalters exakt Form, Farbe und Sprache zu reproduzieren. Der damalige Beobachter muss schockiert und überrascht gewesen sein, als er sah, dass die feierlichen Gerichtsgebäude in sogenannte Filmpaläste oder in Gemeindezentren für Tanz und gesellschaftliche Unterhaltung umgewandelt wurden.

Der Standeswechsel, den die Juristen nach und nach durchgemacht hatten, zu einfachen Geschäftsleuten vollzog sich nicht so abrupt wie bei den Gerichtsbeamten, die weit vom wirklichen Leben entfernt waren. Es wurden verschiedene Mittel ausprobiert, um sie als Klasse zu erhalten. Da ihr früherer Beruf verschwunden war und die Idee einer Pensionierung nicht zufriedenstellend war, da noch eine große Anzahl jüngerer Männer auf der Richterbank saßen, die für die Gemeinschaft von Nutzen sein könnten, wurde ein System von Hofcafés entwickelt. Auch heute noch verschwindet es schnell, und zum Nutzen zukünftiger Generationen könnte es sinnvoll sein, den letzten Überrest einer Institution zu beschreiben, die so lange ihre Position in der Gesellschaftsordnung gehalten hat.

Da die menschliche Natur im Wesentlichen immer die gleiche ist, dachte man, dass ihre Anforderungen an die dramatische Aktion und den Stress des Kampfes einen Ausweg finden sollten. Man hielt es nicht für klug, die Schauplätze für Rechtsstreitigkeiten gänzlich abzuschaffen, obwohl die derzeitigen Justizbehörden mit ihren hervorragend organisierten Abteilungen bereits rasch alle Rechtsstreitigkeiten zunichte machten. Es wurde vermutet, dass die Menschheit möglicherweise die Zusammenführung der beiden Streitparteien verlangte, damit sie ihre Ansprüche persönlich gegeneinander antreten konnten.

Angesichts der absoluten Einfachheit der Kommunikation durch Viviphone scheint es nun unglaublich, dass dies für notwendig gehalten werden sollte. Das Bedürfnis nach romantischem Ausdruck schien die Möglichkeit einer persönlichen Präsentation zu erfordern. Die Sozialarbeiter, die diese Café-Courts gründeten, erkannten nicht, dass die Frage der abstrakten Gerechtigkeit mit der Entwicklung einer intelligenteren öffentlichen Sichtweise kaum mehr als eine Anwendung von Bräuchen und sozialen Standards auf bestimmte Tatsachen war; und dass mit dem Verfall der abstrakten Gerechtigkeitsideen auch die dazugehörigen Elemente verfielen.

An dieser Stelle sei darauf hingewiesen, dass die gelehrte Abhandlung von Professor Humperdinck über die kürzliche Entdeckung bestimmter Gesetze, die in den Ruinen der großen Explosion in New York gefunden wurden, falsch ist. Die von ihm unter anderem beschriebene Figur der Frau mit verbundenen Augen und ausgestrecktem Arm, als würde sie etwas halten, stellt nicht, wie er es nennt, „das arme blinde bettelnde Mädchen" dar, sondern eine Figur der Göttin der Gerechtigkeit, die die Waage hält , der so lange verehrt wurde.

Veränderung des Golfstroms ermöglicht . Die Bewohner gewöhnten sich daran, mehr Zeit im Freien zu verbringen, wodurch die Gerichte populär wurden. Als Orte der Zurschaustellung von Exzentrizitäten und der Äußerung persönlicher Beschwerden dienten sie bald als Orte der Vergnügung.

Wann immer ein Prozessbeteiligter das Gefühl hatte, dass es einen Streitgegenstand gäbe, der von einer externen Stelle geregelt werden müsste, lud er die andere Partei ein, vor Gericht zu kommen. Die Richter bekleideten die Stellung von Hotelbesitzern, *Maîtres d'hôtels* und Kellnern, deren Aufgabe es war, die Gerichte so attraktiv wie möglich zu gestalten. Da ihre Gehälter von der Höhe der Einnahmen abhingen und die Gerichte auf einer Partnerschaftsbasis betrieben wurden, bei der sich alle am Gewinn beteiligten, bestand das Ziel der Richter darin, so viele Kunden wie möglich zu gewinnen.

Die Umgebung war in jeder Hinsicht wünschenswert. Im Freien, unter weitläufigen Bäumen, während das Sonnenlicht durch die Blätter auf die gepflegten Rasenflächen fiel, standen gedeckte Tische mit köstlichen Früchten und allen Delikatessen, die sich der menschliche Geist an kulinarischen Köstlichkeiten ausdenken konnte. Seltene Weine und exotische Blumen wurden ständig in üppiger Auslage angeboten. Luxuriöse Diwane und gemütliche Sitze waren verteilt. Die modernsten und berühmtesten Musiker sorgten für exquisite Musik, während die aufmerksamen Richter in gepflegten weißen Schürzen, die teilweise von ihren sanft wehenden schwarzen Gewändern verdeckt wurden, umherflatterten und eifrig versuchten, das Vergnügen und den Komfort ihrer Kunden zu steigern.

Bei solchen Versuchungen war es kein Wunder, dass die Gegenpartei die Einladung zum Gerichtsbesuch annahm. Zeugen und Zuschauer drängten sich, sowohl wegen der Neuheit der Institution als auch wegen der Gelegenheit zur Erfrischung und Unterhaltung. Ziel der Richter war es, die Streitparteien zur Fortsetzung ihrer Auseinandersetzungen anzuregen, statt sie zu beruhigen.

Je lauter sie wurden, je lauter und leidenschaftlicher sie wurden, desto besser hielten sie die Menge fest, die kam, um die Aufführung zu beobachten. Von dieser Klientel und dem Verkauf von Lebensmitteln und Nahrungsmitteln während des Streits hingen die Gewinne der Richter ab. Solange es einen ernsthaften und energischen Kampf gab, blieben die Zuschauer an den Nebentischen und der Handel war lebhaft. Wann immer jedoch die Prozessparteien die Absurdität ihrer Position vollständig erkannten, sei es durch das anhaltende Gelächter der Zuschauer über die öffentliche Darlegung ihrer privaten Fehler, mit denen die Öffentlichkeit nichts zu tun hatte, oder weil sie der bloßen Worte müde wurden kam, um die Begeisterung ihres Kampfes zu verringern, begann die Menge zu verschwinden. Nachdem die Richter vergeblich versucht hatten, die Prozessparteien zu neuen Anstrengungen zu bewegen, erkannten sie schnell den Handelsverlust und schoben ihnen sanft und suggestiv ein Paar Würfelschachteln oder ein Kartenspiel unter die Hand, und der Streit endete manchmal mit dem Wurf eines Würfels oder das Umdrehen einer Karte.

Der Grund dafür, dass diese Gerichtscafés nicht lange in Mode geblieben sind, liegt darin, dass alle tatsächlichen Prozessparteien bald so kultiviert wurden, als sie erkannten, wie ungeheuerlich die Situation war und wie unvernünftig ihr Verhalten dem Durchschnittsbürger vorkam. Die öffentliche Meinung war natürlich gegen eine solche Zeitverschwendung und echte Künstler wurden rar. Es wurde festgestellt, dass mehrere Gerichte falsche Prozessbeteiligte als Schauspieler engagierten, um die Menge anzulocken. Die Unechtheit der Darbietung verlor bald ihr Interesse. Die Gönner verließen sie und viele Gerichte gingen bankrott. Wie ihre Vorgänger sind diese leichtfertigen Gerichte also praktisch am Ende .

DAS ENDE